共情管理

BEING MANAGEMENT

[日] 渡边雅司 著

孔元元 译

古吴轩出版社

图书在版编目（CIP）数据

共情管理／（日）渡边雅司著；孔元元译. -- 苏州：
古吴轩出版社，2021.6
　书名原文：Being Management
　ISBN 978-7-5546-1759-5

　Ⅰ．①共… Ⅱ．①渡… ②孔… Ⅲ．①管理心理学
Ⅳ．①C93-051

中国版本图书馆CIP数据核字（2021）第111331号

BEING MANAGEMENT
Copyright © 2019 by Masashi WATANABE
All rights reserved.
First original Japanese edition published by PHP Institute, Inc., Japan.
Simplified Chinese translation rights arranged with PHP Institute, Inc.
through Rightol Media Limited
The simplified Chinese translation rights arranged through Rightol Media.
（本书中文简体版权经由锐拓传媒取得Email:copyright@rightol.com）

责任编辑： 俞　都
见习编辑： 张雨蕊
特约策划： 杨莹莹
装帧设计： 弥　玖
版式设计： 崔　旭

书　　名：**共情管理**
著　　者：[日]渡边雅司
译　　者：孔元元
出版发行：古吴轩出版社
　　　　　地址：苏州市八达街118号苏州新闻大厦30F　　邮编：215123
　　　　　电话：0512-65233679　　　　　　　　　　　传真：0512-65220750
出 版 人：尹剑峰
印　　刷：唐山市铭诚印刷有限公司
开　　本：880×1230　　1/32
印　　张：6.5
字　　数：116千字
版　　次：2021年6月第1版　　第1次印刷
书　　号：ISBN 978-7-5546-1759-5
著作合同
登 记 号：图字10-2021-231号
定　　价：42.00元

如有印装质量问题，请与印刷厂联系。022-69236860

世道艰难。

世界绝对不会变成我想象的那样。

但是，我却丝毫不受影响。

我永远是我，不会受外界影响。

因为我常对自己说：这样就挺好。所以我不受影响。

而你也永远是你自己，所以这样就挺好。

这样就挺好。

这样就挺好。

我现在已经退休了，

已经从所有的烦恼当中解脱出来了。

因此，我不会感觉到累。

怎么样？这样就挺好吧？

这样就挺好。

果然，这样就挺好。

——傻鹏的爸爸

（来自赤冢不二夫所著漫画《天才傻鹏》）

全世界的领导者为什么都在参加心灵课程?

2018年2月,我在印度南部的金奈。

这个城市紧邻孟加拉湾,是印度的第四大城市,相当有名气。以前人们把它叫作"马德拉斯",这里的机动车产业和银行业很发达。可是,这个城市还有另外一张面孔。它附近有一座山,名叫阿如那查拉山(圣炬山)。传说这座山吸取了人类精神的精华,因而被当地人视作圣山。金奈市离这座山很近,此地瑜伽运动十分流行。

而就在这座城市,我参加了One World Academy(同一世界学院)这一项目。这是一个全球诸多企业的首席执行官、华尔街的大投资家及阿拉伯国家的皇室成员都会参加的项目。我们每天学习冥想和呼吸法,学会与内在的自我建立深度连接。

这个项目不仅需要参与者学习瑜伽的智慧，还要实践"在美好心境下进行冥想"，其目的在于"活跃我们的意识"。也就是说，这是一门心灵课程，教授人们如何去摆脱长久以来的恐惧、不安、愤怒及焦虑，使自己建立一个绝对不可侵犯的精神领域。

听到这，很多人可能会认为，这无非就是个针对企业经营者的自我启发研讨会。然而，这绝对不是一个单纯学习成功哲学的项目。

它所追求的变化有三个：

① 身心处于放松状态；

② 万物合一的感觉；

③ 感受现在的活跃。

我们每天从早到晚一边练习各种冥想和呼吸法，一边学习其中的智慧。其内容就是让自己处于一段相对安静的时间，持续长时间地直面自我，这是相当残酷的。虽然参与者都是各个企业的精英，领导着上千名员工，可他们还是在这个过程中泪如雨下，叫苦不迭。听到这，你是不是觉得这个画面难以想象？

心灵课程与其他经营者研讨会最重要的区别，就是它要求学员去"勇敢面对"，并且非常重视人们应对自身苦恼的方法。

如果要从苦恼当中解放出来，就必须知道自己恐惧和不安的原因。这样一来，就要深度挖掘过去的心灵创伤，以及曾经那个不敢面对过去的弱小的自己。这种工作不是一朝一夕就能完成的，那些成功的企业领导者和一些社会地位较高的人，通常不敢直面自己的弱小，因而他们在心灵课程中经常泄气。

那么，我为什么要参加这个心灵课程呢？原因只有一个：

尽量摆脱固有的领导者印象。

无论在什么样的组织里，领导者通常要肩负重大的责任和强大的压力。而领导者苦恼的根本原因就是"理想的领导者印象"。大多数领导者都会被这种应该达到的理想状态支配，进而感到十分艰难。

然而，如果领导者的迷惑或弱点被别人看到，那他们就会在与同事相处时感到不安，所以平时他们是不能随便让自己泄气的。

正是因为这些领导者无法在人前表现出自己的苦闷，所以他们只能独自承受孤独和烦恼。

而我也是这样一个人。

200 多年老铺的第八代掌柜心中的迷惑

差点忘了自我介绍。我叫渡边雅司，是船桥屋的第八代掌柜。老铺在东京下町的龟户天神附近，主营葛饼。

东京的读者们可能会一下子想起来："啊，就是那个店铺啊！"

船桥屋始创于1805年，店内的葛饼与关西葛饼的不同之处在于它是无添加的发酵食品，之前非常受江户人喜爱，西乡隆盛、芥川龙之介、永井荷风等名家就经常光顾。

也是由于他们的喜爱，现在很多人都很喜欢船桥屋，因而除了龟户的总店，我们还在东京近郊开了25家分店。

我继承了父亲的事业，成为这里的第八代掌柜。那个时候，我的事业非常顺利，每天的业绩都非常好。但是，不知为何，我感觉到一种违和感，确切地说，我感到很迷惑。而为了摆脱这种迷惑，我看了很多经营者写的书，几乎把它们当教科书看，还参加了不少经营者研讨会。

我听了很多前辈的话，也吸取了很多成功经营者的经验，说实在的，把这些东西运用在经营上是十分有用的。

不过很可惜，我并没有看到针对我的迷惑的答案。这样的答案，不是别人给你的。你必须要对自己进行挖掘。

有了这样的想法，我不仅不断地思考，也在感受，认真弄清楚自己现在的感觉。在这种感觉的基础上，我开始进行一些船桥屋之前从未有过的改革。

而这，竟然有了意想不到的效果。

具体的内容我会在本书中详细介绍。从那时起，不知为何，店铺的各方面工作都开始活跃起来。

各个部门的管理者都能从社长主导的事务中独立出来，更加自主地进行工作。

仔细算来，与我继承前相比，销售业绩是之前的两倍，十年间的利润增长了六倍，我的事业能够更加稳步地前进。店铺的新顾客不断增加，很多新人也来应聘我们的工作，船桥屋成为一家颇具人气的企业。

然而，这只是通过我的努力而得到的商业上的成果。

为什么船桥屋的职员及各部门会如此活跃？为什么船桥屋会表现出这样的势头？无论询问谁，我都无法得到一个明确的答案。而只要得不到这个答案，我就无法从真正的迷惑中解放出来。

为了寻找答案，我就必须彻底地直面自我。

当还在为这些事儿烦恼的时候，我通过其他人了解到了心灵课程，然后就去了遥远的印度南部。

"应该这样"和"应该那样"是催生迷惑的源头

就这样，我在大约一周的时间里，通过深度的冥想及呼吸法，进行了深度的自我觉知。

自己到底是谁？自己因何而存在？这种直面人性根源的问题的确很难，以至于有好几次我都想打退堂鼓。然而这样做是有价值的，因为我找到了可以解决迷惑的答案。

用一句话来表述的话，那就是：

"这样就挺好。"

这是漫画家赤冢不二夫所著的搞笑漫画《天才傻鹏》中的一个角色——傻鹏的爸爸在漫画中的一句台词。《天才傻鹏》动画版主题曲的歌词中，这句话也重复了多次，因而广为人知。我在本书的引子部分也引用了傻鹏爸爸的一段话。

大老远地跑了一趟印度，然后又经历了艰难的冥想，结果真理却是由傻鹏的爸爸告诉我的。听上去，这话说得貌似十分滑稽，但事实不是这样。

可以说，我在直面自我的过程中明白了一件事情。人们总会在自己的内心深处不知不觉地被"应该这样"和"应该那样"之类的观念支配：

"一定要保住船桥屋这块牌子。"

"一定要做一个不亚于前辈的优秀社长。"

"一定不要辜负常年积累下来的顾客的信赖。"

我作为船桥屋这个组织的领导者，不知不觉间就被"应该这样"和"应该那样"牢牢地束缚住，什么也做不了。后来我才意识到，这就是我迷惑的起因。

只要能发现使自己苦恼的问题"本体"，其应对方法自然就会被立刻找到。方法就是：

把那些"应该这样"和"应该那样"之类的观念放在一边。

这个世界上没有哪件事"应该这样"做，也没有哪个组织"应该那样"。接受现在的状况，让自己与同样身处其中的伙伴坦然度过，然后认真思考怎样才能让自己所处的这个社会及我们的顾客变得更好，这就可以了。

这就是我们应该具备的观念，用一句话来描述，就是"这样就挺好"。

Being Management（共情管理）会给组织带来良性循环

这种"这样就挺好"的思想境界，在英语中常用Being Life（顺其自然的生活，绿色生活）来表示，实际上，这就是心灵课程的目标。

当一个人最终发现自己苦恼的起因之后，为了从这种苦恼中解放出来，就必须自然地接受现在的自己，接受自己现在所处的境地。也就是说，你要去认为，这样就挺好。

经营者们或多或少地会被各种"应该……"限制。作为经营者，我们经常执着于经营者就该有经营者的样子，甚至会去追求精益求精，导致忽视了现阶段内心的想法。

而为了避免自己陷入这种状态，我们就必须要有Being Life的意识。

具有强烈的问题意识的领导者们从全球各地赶来参加心灵课程的原因，就是他们想要在这里学会Being Life，并让身为领导者或经营者的自己能够更上一层楼。

我从印度南部回国之后，立刻就将自己学到的东西应用到了我的经营实践上，其效果自然是显而易见的。

销售业绩和利润都在增加自不用提，影响老铺未来的创新事业也逐渐有了进步。此外，员工和兼职人员的工作动力也有了明显提升，每天他们都在积极迎接新的挑战。

前言我写得有点长。为了传达这种能让每个人都感到充实和幸福的经营管理理念，我将本书命名为《共情管理》注，而这也是我最想和大家说的话。

这种共情管理，会将人们从精益求精的缺失感中解放出来，并让人们着重于眼前的幸福来进行经营，这样一来，领导者们的苦恼和迷惑就会消失。当然，组织和周围的人也会因此更加快乐地生活和工作，良性循环随之产生。

共情管理所带来的幸福循环，是企业经营者和组织领导者们人生中最重要的东西。这是我基于个人的经验得出的结论。

塔摩利先生所述悼词中 Being 的真谛

很多读者一听说老铺的第八代掌柜出了一本书，可能立刻就会想：这或许是一本讲述如何守护老铺招牌的经营技巧类书籍，或者是关于老铺如何与时俱进、如何改革等问题的组织教程。

这里我要跟这类读者说声抱歉，因为这不是一本那样的书，里面既没有经营技巧，也没有组织教程。

由于这本书是基于我自身的经验写就的，所以里面无论如何都会涉及很多企业经营改革和组建团队之类的主题。然而，这些不过是我为了更好地阐述共情管理以及方便大家理解而使用的一些叙述手段而已。

从这种意义上来说，这本书不仅对于经营者有很大的参考意义，对于大企业的工作者、个人事业的运作者及各行业的商业人士来说，亦是如此。不对，即便是对于不从事商业工作的人，这本书也很有用。

在讲述正式内容之前，我想说一下，在《天才傻鹏》的作者赤冢不二夫去世之后，塔摩利（原名森田一义，日本著名搞笑艺人）先生曾经为他念过悼词。

森田一义年轻还默默无闻的时候，在新宿区的一家酒吧里遇到了赤冢不二夫。赤冢不二夫建议森田一义尝试去成为一名搞笑艺人，这个建议多少给了森田一义一些帮助。赤冢不二夫去世后，森田一义在悼词中说道："我也是您的众多'作品'之一。"可见，他比任何人都了解赤冢不二夫，两人之间存在着深厚的信任关系。

很多人都还记得森田一义发表悼词的场景：他拿着一张纸念诵悼词，然而纸上一片空白，什么也没写。这引发了一系列的话题，人们议论纷纷，这不就是歌舞伎表演的《劝进帐》吗？可是，他的这段悼词里，包含着一段我想对那些烦恼的经营者、商业人士，以及经常感到生活艰难的人所说的话：

您的观念一直是：对于任何事件及任何状态，都会给予积极的肯定，并全盘接受。正因如此，人们才可以从人间疾苦当中解放出来，变得轻松且自在，并且，您还可以抛开时间的前后关系，全心专注于此时此地。这样的观念，用您的一句话就可以准确概括，那就是"这样就挺好"。

这就是我在心灵课程中所领悟到的共情管理。我会在本书中对此做一个详细的介绍，帮助大家理解。

在读过本书之后，如果能有更多的经营者抓住机会，实现幸福经营的话，我会感到十分欣慰。

船桥屋第八代掌柜

渡边雅司

译者注：本书原版书名为*Being Management*，意为"顺其自然的、快乐的经营管理法"。为契合该理念，经过译者与编辑们的反复讨论，本书的中文译名最终定为《共情管理》。

此处的"共情"是广义上的共情，即与他人共情，与食物（产品）共情，与自然共情，与社会共情，与世界共情……

"共情管理"在本书中的方法论是指以共情为桥梁，打造"产品—顾客—员工—管理者"多位一体的幸福循环。

第二章

组建团队要参考《航海王》

第三章

快乐不是努力工作的成果，但会创造成果

第四章

员工技能数据化的重要意义

第五章

真诚倾听，员工会产生共感力和贡献欲望

从"过气的老点心铺"到17000名毕业生蜂拥而至

200 年来，我们只售卖保质期 2 天的生点心

在开始实践以幸福为经营目的的共情管理之后，组织会有怎样的变化？内部的员工会受到怎样的影响？以及，我们又会给顾客和社会提供哪些价值呢？

在解释这个问题之前，我认为大家有必要先对我们的船桥屋有个大致的了解。作为对本书的一个介绍，我将在序章里给大家讲述一下船桥屋从过去到现在的一个整体变迁。

之前我也讲过，船桥屋在1805年（江户时代文化二年）于东京下町的龟户天神附近始创。创店之后，老铺就一直在制作葛饼。确切地说，这是一家卖点心的老铺。

自店铺创立到现在，200多年的时间里，店内食品的味道一直没改变过。东京及其近郊的市民都在夸赞："我从小就一直在吃。""我奶奶非常喜欢。"……

不过，东京以外的人一听到"船桥屋"这个名字，绝大多数可能不怎么了解，他们根本不知道这家店是干什么的。

原因就在于，我们店里的葛饼与其他的点心几乎完全不同，是一种独一无二的日式点心。所以很多人没有见过，也不了解。

图1　船桥屋的葛饼

一说起葛饼，很多人都会想：这个东西在关西很常见。但事实上，我们店里的葛饼和关西的葛饼，在制作方法上是完全不同的。

船桥屋的葛饼是先将小麦粉中的谷朊粉去除制成淀粉，然后放入木樽，自然发酵约450天制成的，是日式点心里唯一的发酵食品。成品的葛饼在常温下只能保存2天。现在，有很多人希望能够通过邮寄的方式买到这种葛饼，不过目前还是只有东京及其近郊的人能够吃到这种生点心。

登上《坎布里亚宫殿》的"幸福经营术"

　　然而最近，这家位于龟户天神参道上的船桥屋点心铺，被全国越来越多的人知晓了。

　　我本人经常被邀请去做演讲，全国各地到处跑。当我提到船桥屋的名号时，有相当多的人会发出这样的惊叹："嗯，我知道那家店。""啊，是那个卖葛饼的吧！"……

　　2018年8月，我们在"JR东日本伴手礼大赏"中获得了综合大奖。有了这个奖项的加持，我们得以登上东京电视台的《坎布里亚宫殿》节目。

　　大家都知道，这个节目会访问很多商业人士，探访各种商业老店，全国男女老幼很多人都很喜欢看。

　　而我们的船桥屋也有幸成为这个节目的主角，那期节目被命名为《1805年创店的日式点心老铺——传统与革新的幸福经营》。也是从这时起，老铺的知名度在全国开始飙升。

那么，我们这样一个出售的葛饼只有2天保质期且只在东京下町营业的小小点心铺，为何会被《坎布里亚宫殿》节目组选中呢？

原因就是节目组在标题中提到的幸福经营，也就是说，这个节目组的取材也源自我半年前在印度南部学到的共情管理。

接下来，我就引用节目组在网站首页上使用的三个标题，来简单介绍一下：

1. 日式点心老铺的创新挑战

我想先从葛饼本身以外的食品开始介绍。

一说起船桥屋，人们首先想到的就是葛饼。这绝对是固定不变的人气食品。已经有很多人知道了我们店葛饼的魅力，我们也在积极开发其他的商品。

就比如说，节目里提到了葛饼布丁。

这种布丁用小麦淀粉发酵而成，是一种"日洋混血"的食品，不仅深受年轻人的喜爱，也很受中老年人和小孩子的青睐。

2. 这是一家可以激发员工自主性的活跃公司

在这家公司里，基本没有哪件事是由我个人独自决定的。虽然某件事的目标与方向取决于我，但其他问题都要经过员工和兼职人员的共同考虑，凡是与船桥屋有关的公司决策，都要在全体管理人员进行商议之后才能确定，然后付诸实践。

这样的自主性，是融汇在组织的运营过程中的。

最容易理解的例子，就是领导层选举。

船桥屋的领导层人员不是由我个人任命的，而是由全体员工和兼职人员投票决定的。

比如，有一位33岁的女员工当时被选举为领导层人员，时至今日，她仍然作为执行董事，与我一起为船桥屋的发展而共同努力。

日式点心老铺没有人们传统印象当中的各种制度，而是有一种自由豁达的氛围。

员工的这种自主性，在登上《坎布里亚宫殿》之前，就有很多媒体报道过。而且有很多员工跟我说，他们很荣幸能够在这样一家企业工作。

到毕业季的时候，约有17000名即将离开校园的学生申请了船桥屋的职位。

3. 葛饼乳酸菌，有利于健康

图2　利用葛饼乳酸菌制造的营养品REBIRTH

这是我们制造的葛饼乳酸菌。

其开发过程我们会在第七章详细介绍。事实上，葛饼作为一种发酵食品，含有丰富的植物性乳酸菌。

这种葛饼乳酸菌会被肠道益生菌摄入，进而协助改善肠道健康环境。而且，富含葛饼乳酸菌的医疗专用营养品以及各种机能性食品也正在开发之中。

日式点心老铺为什么会发生巨大的变化

　　到这里，我相信大家已经对船桥屋有了一个初步的了解。其实，刚开始的时候，老铺还不是这样的公司。

　　我在25年前进入了船桥屋，那个时候，这个店铺跟大家想的一样，是个"创店近200年的日式点心老铺"。

　　虽然店铺也在一直挑战创新，但我们的葛饼却是自始不变的人气食品。

　　而且，我们尊重员工的自主性。从生产现场到各个部门，不断有全新的观念涌现，让人们看到了他们的挑战精神。当然，除此之外，各位领导者也在约束着各位员工，员工和兼职人员坚定地服从各项政策，大家拧成一股绳共同努力，这就是我们的企业氛围。

　　当时，因为我们是一家"创店近200年的日式点心老铺",之前的掌柜并没有打算持续不断地从事创新事业。

也就是说,现在的船桥屋与之前相比,在各方面都有着明显的不同。

当然,我并不是在批判前任掌柜(也就是我的父亲)和往昔的船桥屋,更不是在自夸现在的船桥屋有多么优越。

我的父亲之前将船桥屋由东京下町龟户地区扩展到了百货店的点心售卖区域,也就是所谓的地下卖场。他是船桥屋规模扩大的绝对功臣,在我看来,他的经营手段比任何人都要高明。

只是,当时是日本的经济高速增长期,是一个社会前景一片大好的时期,人们想要某样东西,不亲自到门店去购买的话是买不到的。

而现在,船桥屋所处的时代已经完全不同了。

现阶段的社会已经更加成熟,随着网络技术的发展,所有商品几乎都能在网上买到,并且企业和客户之间的交流越来越密切,人们也开始追求更细致的商品服务。这样的话,组织的运作方式发生明显变化自然也是情理之中的事。

令人头疼的"不良少年"

与25年前相比，今天的船桥屋发生了很大的变化，其中能让人们了解这种变化程度的事例之一，无疑是朋克烫发（短而细的波浪发型）。

1993年的春天，我进入了船桥屋。

大学毕业之后，我先是去三和银行（现在的三菱UFJ银行）工作了7年，在那里我积累了很多经验。不过最后我还是选择了子承父业。起初我作为董事会成员之一，一边协助父亲管理，一边学习船桥屋的经营知识。

然而，最初的经营可没有那么顺利。

我之前在银行工作，那里的管理非常强硬，与船桥屋截然不同，因此我每天都要面对强烈的企业文化差异。

这其中最让我感到头疼的就是员工的发型问题。

船桥屋里，无论男女，很多人都染着褐色头发，店里也有很多留着飞机头、朋克烫发等发型的"不良少年"。

这种狂野的风格已经足够让人烦恼，而更令人无语的，则是他们无所顾忌的工作态度。

他们与客人交流时，就像与自己的朋友们说话那样，也就是说，他们说话过于随便，很少使用敬语。

绝大多数人成长过程中周围都是自己熟识的人，平时说话不会那么毕恭毕敬。

对我个人来说，我当然知道那些员工绝对不是什么不良人员。可是，店里的顾客不一定了解他们。常客们可能还好；那些初来乍到的新客人面对这些员工时，很多都被吓跑了。

我们知道，无论夏天有多热，银行的职员都要身穿工作服，行业内的接待用语自是更不必说，所有的言行举止都要经过严格的培训。

我在银行工作的七年间，就经历了这样的管教与训练。所以，在我看来，当时的船桥屋与其说是企业，倒不如说是漫画或电视剧里的下町商业街的点心老铺。

可是，当我提到船桥屋的这个问题时，店内很多"不良少年"都不以为意，说这种情况不只是在这里有，在下町的其他中小企业里也很常见。

在东京居住的人都很了解，龟户这个地方比隅田川还要靠东，这里的文化更多受到千叶地区的影响，而不是东京。

而当时的千叶是不良少年的聚集地，20世纪80年代的"不良文化"气息浓厚，就像漫画里所描绘的那样。

那个时候的船桥屋招聘了很多那个地方的员工，可以说无论是服务员还是销售人员，都沾染过"不良文化"。

可是就是这样一个曾经充斥着留着奇异发型的人的下町点心铺，为何会在25年后，成为17000名毕业生的理想就职场所，并登上《坎布里亚宫殿》呢？

这个问题的答案，就是本书的书名——共情管理。

在下一章里，我就为大家介绍，船桥屋是怎样实践共情管理的。

第一章

完美摆脱固有的领导者形象

——共情管理的方法

文化冲击：不安源自负面的事情

在经营中领悟"此时，此地，此人"

那么，我现在就详细说明一下，这个改变了船桥屋的共情管理到底是什么。

理解这个概念的大前提，就是要明白"这样就挺好"，也就是说，必须了解Being Life。

共情管理是组织者在了解了Being Life的基础上所实施的组织运营活动。所以，一旦错误理解了Being Life，就无法掌握共情管理法。

在本章中，我会从多个侧面介绍Being Life，以帮助大家认识到它的重要性。

当然，想要达到Being的境界，就要像我在前言里说的那样，与内在的自我建立深度连接。虽然我说了很多，但我毕竟不是你，因而这个东西还要你自己去体会。

不过，通过我的讲述，你会获得一种印象。

这是比较简单的，但我还是希望大家参考一下我在直面自我的过程中所采取的做法。

那么，我，渡边雅司，是通过怎样的一种契机成功地进行了自我觉知呢？在我深度挖掘自身，追忆往昔的时候，我找到了引发我轻微违和感（诸如迷惑与不安等）的根源。在这个过程中，我领悟到了以下三点：

此时，此地，此人。

既不要纠结于过去，也不要过分注重未来，而是将你的心放在此时，立足于此地，然后面对一个崭新的此人（自己），这样一来，你就会自然而然地了解进步之道了。

我得承认，这是一种属于Being Life的思考方式，但是，这并不是某个人教给我的，而是我通过对船桥屋的经营自己悟出来的。

那么，我是经历了什么样的过程才得出了"此时，此地，此人"这样一个结论呢？

接下来要说的内容基本都是我个人的观点，但是所有的这些都是每个人实现Being Life所必需的，所以还请大家务必仔细思考。

我曾把威胁到我们家招牌的人当成敌人

我在序章里说过，在1993年进入船桥屋，看到那些留着奇异发型的员工时，我感受到了巨大的文化冲击。

此前我作为一个银行职员，被灌输了很多"利润先行"的观点，我当时有一个强烈的信念：公司要健康成长，那么在财务方面必须稳健发展。事实上，在我接触过的客户里，有很多人经营的公司就是这样稳健发展的。这些公司的员工，不仅礼仪与修养都很到位，而且作为社会工作者，他们都能严格遵守公司的规定。

然而，船桥屋却与那样的公司相距甚远。

包括服务员和各部门的成员在内，大家都有各自的做事方法，并基于自己的规则自由地工作。

与这样的人在一起，我能创造出自己理想中的公司吗？还有，我继承了父亲的事业，那我能成为人人都认可的掌柜吗？

匆忙进入船桥屋的我，就被这种不为人知的不安支配着。

随着这种不安的增强，渐渐地，我会为了成为一个优秀的掌柜，而把一些不利于公司发展及威胁到船桥屋的招牌的人，全都当成敌人。

于是，对于那些留着飞机头和朋克烫发，以"不良少年"

形象为时尚的人，我越来越不待见。这样的打扮，难道不会影响外界对船桥屋的评价吗？

这种敌对情绪，我甚至在面对那些创造了船桥屋的生命——葛饼的功勋员工时也会拥有。

他们的高超技术的确是其他人模仿不来的，但也正是因为我们不会对外界讲述自己的方法，我们的企业文化出现了一些封闭性。

和以前不一样，现在的员工职场气质都过于强烈，很多年轻的员工没干多久就辞职了，以至于公司很难培养出合格的继任者。

如果不改变这种现状，我就无法守住船桥屋的招牌。

这样的想法不断积累，终于我决定要做出改革。所有的坏习惯及低效率的系统，我都会想办法去改善，所有的经营进程都要数据化和可视化。

可是，这类强制性的措施实行起来肯定是不顺利的。对于我来说，我只是想完善公司的各个系统与规则，但是这些想法会与一些老员工及其他部分员工的意见产生冲突。

当时的我还很年轻，冲劲十足，因而最后我压制了一切反对意见，强行进行了改革。

结果也显而易见，我经常遭到员工的反对和顶撞。

"跟着这个新领导，我实在是干不下去。"

很多老员工发完这样的牢骚之后，就离开了公司。

但是，我的立场就是利益至上，一切以扩大业务和帮助船桥屋成长为中心。甚至，有一段时间我曾认为：那些辞职的人，根本就不是新时代的船桥屋所必需的人才。

必然的冲突：继承事业为何如此艰难

继承事业是父子之间的故事

没过多久，针对我的强制措施唱反调的员工越来越多。并且，他们的不满会指向谁呢？当然是我的父亲。

"他儿子根本不了解这项事业。"

"永远也摆脱不了银行职员的工作状态。"

我的父亲听到这样的话之后，也常常劝我不要这样。但是我当时只有一个想法，那就是一切都是为了船桥屋的成长与发展，所以我并不打算改变我的做事方式。

现在回想起来，我真的觉得很对不起我父亲。那时的我一直在让船桥屋的老员工们左右为难。

对于我父亲来说，我不仅是他的儿子，还是他亲自选出来的继任者，因而他理应给予我支持。

可是，那些老员工也曾经支持过父亲，与他共渡过难关，所以对于他们的抱怨与不满，父亲也不会置之不理。

当时，我们之间，不仅仅是父子关系，还存在着一个叫"继承事业"的难题。

看到这里，很多与我父亲同辈的读者们或许会想："你是他儿子，又是继任者，那你就暂时别说那些趾高气扬的话，先默默地听取一些你父亲或者老员工的意见就好了啊。"其实，在那个时候，经常有人对我这样说。

但是，对于我这一辈的人来说，采纳这样的建议是很难的。

在我接受采访或演讲的时候，很多人曾问我一些关于继承事业的问题，而我的回答必然会包含一句"继承事业是父子之间的故事"。

既要尊重前辈们的意见，又要努力将自己的想法变成现实，这就是继承事业。如果不能翻越这堵墙，我就无法顺利地继承前辈们的成果。

上行与下行的景色是不一样的

我与我的父亲在经营的问题上有着不同的观点。不过，虽说有差异，但我从来没有批判过父亲的任何做法。

当然，企业经营这种东西，会随着时代的变化也发生巨大的变化。我和父亲所处的时代不同，自然地，经营方法也不一样。

对于这种差异，我经常用电动扶梯来描述。

我的父亲从第六代掌柜，也就是我的爷爷手里接过了船桥屋。那个时候，日本的经济高速发展，人口也在膨胀，是一个所有的事物都在扩大、成长的时代。

在那样的大潮中，船桥屋也走进了百货商场，争取开设新店铺。

当时的船桥屋，就像乘上了上行的电扶梯一般，逐渐实现了成长。

然而，在我开始经营船桥屋时，时代已经变了。泡沫经济开始出现，人口也在减少，那是一个所有的事物都在紧缩、低速成长的时代，这就像乘上了一台下行的电扶梯。电扶梯明明在朝下走，而我却如逆水行舟一般奋力往上飞奔。

到底哪个观点才是正确的，我其实很清楚。只不过，我们乘坐的电扶梯不一样，所以看到的东西也不一样。这样的话，理念必然会出现差异。

我是一个焦急地追求结果的烦恼型经营者

正是由于这种在经营理念上的差异，我和父亲之间才有了意见冲突。不仅如此，我与那些船桥屋的老员工们也时常有摩擦。

而加剧这些冲突与摩擦的，就是焦急。

身为父亲的继承者，我必须要尽快拿出成果。就算利润没有增加，也要让公司成长。有了这样的期待，我不仅常常对自己感到不满，还总是因为员工无法拿出我想要的成果而感到焦虑。

不知不觉地，我时刻都皱着眉头。到底怎么才能做出成绩呢？在这样的焦虑中，我成了一个烦恼型经营者。

当然，对于我这种难以取悦的人，人们肯定会敬而远之。我后来发现，我在公司里被孤立了。

为什么会变成这样呢？

为什么我会如此焦急？

在这样自问自答的过程中，我找到了答案。

原来，是因为我在银行工作时遇到了太多优秀的经营者。

领导者的苦恼：被各种"应该……"束缚

七年的银行职员生涯，我学到了很多

我会变成烦恼型经营者，为何会是过去见到的那些优秀的经营者导致的呢？为了说明缘由，我简单介绍一些我在银行工作时发生的故事。

上完高中和大学之后，我进入了三和银行。那个时候，我已经意识到，日后我可能会继承船桥屋，成为这里的第八代掌柜。所以，我有必要通过银行的业务来积累一些经营中所必需的金融知识。

银行的工作很不容易，但我乐在其中。

比如说，进入银行的第三年，银行将一些债券贸易类的业务分配给了我，我从中积累了很宝贵的经验。

银行的债券贸易，主要就是帮客户解决政府债券的交易问

题。我的客户都是些地方金融机关。他们观察着瞬息万变的市场前景，同时不断地增加他们的交易量。如果能帮助他们提升利润，我就会感受到成功；当然，如果有所损失，我也会被问责。这种赏罚分明的业务，与我的性格十分契合。

就这样，做了三年的债券贸易业务之后，我被调到了银座分行，继而又在其他的业务中体会到了乐趣。银座这个地方，有很多交易所、知名企业及各种老铺，因而会有大量的经营者成为我的客户。

这些人都是公司的一把手，每天下班之后会在一起吃饭，除了一些成年人的娱乐活动，我也经常听到他们谈论一些与人生、工作有关的话题。

那个时候，我很希望有一天我能像他们一样，一边悉心地经营公司，一边在空闲的时候享受着成年人的放松时光。

因理想与现实的巨大差距而苦闷的那些日子

1991年，我被调到了银座分行，那时我恰好遇到了泡沫经济显著化的时期。

在此之前的一段时间，分行还会针对寻求融资的中小企业营业者宣传"贷款不要停"的方针，可没过多久，这个方针就变成了谎言，人们的态度也变成了"绝对不要贷款""赶快收回"……

在这样的经济环境下，不断有企业被迫选择关停。不过，也还是有很多的企业领导者，就像我之前说到的那些来到银座支行里的一把手们一样，依然在悉心领导着公司。那些公司的利润一直在上升，公司也在不断成长。

对于那些优秀的经营者，身为银行职员的我十分钦佩。同时，我也有了一种"想要变成像他们一样优秀的经营者"的想法。

这些人可以顽强地挺过泡沫经济这样一个严酷的时代，让员工们团结在一起，并且能够坚定地以利益为中心，还拥有让公司持续成长的智慧。由此，我心目中理想的经营者最终成型。

恐惧俱乐部的白金会员

我牢牢记住了这种理想的经营者的形象，之后便从银行辞职，进入了船桥屋。然而后来我发现，事实不是这样的。

当时的船桥屋有着太多自由散漫的人，因而所有的事情都与我的理想相距甚远，我可以说是处处碰壁。这种理想与现实的巨大差距，就是我焦虑与苦闷的源头。

身为社长，我就应该让大家统一服从。

社长就应该受到大家信任，成为一个优秀的社长。

社长周围的人不应该有任何的不满。

员工们就应该这样做，可他们就是不明白。

要想提高利润，就应该采取这样的决策。

想要渡过危机，就应该实施这样的改革。

我当时冷静下来，仔细地回想了一下，突然发现，"应该这样"和"应该那样"已然捆绑住了我。

所谓的"应该……"，是一种超越个人意志的东西。无论周围的人怎么说，你都必须去做。我们可以把这理解为一种强制性措施或使命。

尤其对于领导者们来说，身边充斥着太多必须要做的事。

作为社长，就要追求利益；作为领导者，就要给予员工们工作的动力。为了股东们，就要拓展事业；而为了公司的成长，就必须要留住有用的人才。

凡是被"必须"逼入绝境的人，每时每刻都会感到不安，最终被人疏远，变得孤独。因为自己的苦恼无法跟外人诉说，所以苦恼只能一步步加深。越是每天绷着一张脸，周围的人自然越是不敢接近，这样一来就形成了恶性循环。

也就是说，一些人之所以会成为烦恼型经营者，是因为他们总是被心中理想的领导者形象所束缚。

而且，理想的领导者形象会催生恐惧。

这样的恐惧会让经营者的视野变得狭隘，并会把一切问题都归咎于周遭发生的事情上。除此之外，还会接二连三地引发其他烦恼与愤怒。

当时的我就处于这样一种状态。假如说，这个世界上有那么一家俱乐部，汇集了所有整天闷闷不乐的人，那么，这样的俱乐部就叫恐惧俱乐部，而我就是这家俱乐部的白金会员。

使命与存在的意义：探寻船桥屋的经营理念

通过制作葛饼，让与其相关的所有人变得幸福

坚持组织改革，与父亲发生冲突，结果就是让自己变成了恐惧俱乐部的白金会员。这样下去，我是不能执掌船桥屋的。

经常苦恼的人能让自己的顾客们感到快乐吗？这都做不到的话，就更不要提让那些与自己共同奋斗的员工们感到幸福了。

然而，那时的我就是这样，完全不知道自己该怎么办，感觉自己已经失去了作为经营者的进步空间。

怎么才能无忧无虑地经营呢？怎么才能从"应该……"当中解放出来呢？怎么才能像我之前提到的那样，不对改革独断专行，而是与员工们一起努力发展船桥屋呢？

我经常这样询问自己。不仅在工作时是这样，在家休息的时候也不断地思考着这些问题。

而告诉我这些问题的答案的，就是葛饼的真实价值。

我作为经营者，并不了解正确的经营之道，但后来我明白了，我必须要回到原点。

我们的船桥屋到底是什么？

具体点说的话：

① 为了谁而存在？

② 为什么会存在？

再次深入地审视这些问题后，我得到了下面这些答案：

① 船桥屋为了谁而存在？

为了我们的员工、购买商品的顾客以及这个社会而存在。正是因为买方感受到了物质与精神上的快乐，我们才能从事以顾客满意为第一宗旨的商业活动，并且为我们所处的这个社会做出贡献。这个目标，就是近江商人"三方获利"的立足点。

② 船桥屋为什么会存在？

我们要继承并发展葛饼独一无二的食品文化，要让相关的人感到幸福。

表1　船桥屋到底是什么?

为了谁而存在?	"三方获利"（买家、卖家、社会）
为什么会存在?	要继承并发展葛饼独一无二的食品文化，让相关的人感到幸福

当明确了这两个问题的答案之后，我豁然开朗，看清了自己应该走的道路，明白了自己应该做的事。

无法保持自然的状态，就不能被称作葛饼

接下来要解决的问题：什么是葛饼?

我们的船桥屋，一直以通过制作葛饼这种神奇的日式传统点心，来让周围的人感到幸福快乐为目标。因而，我意识到，我必须整理一下葛饼的真实价值。

我的脑海中立刻浮现出"作为食物所应有的美味""日式点心中独一无二的发酵食品"等各种评价。但把它们汇总起来，那就是自然。

葛饼是选取优质小麦粉，去除其中的谷朊粉，再把所得的淀粉经过450天的漫长发酵，最后加工蒸制而成的食品。

也就是说，从原料到餐桌上的食物，它要经历450天的时间。但它的保质期只有2天，所以制作这种商品的效率很低。

而这样的制作方法，船桥屋一直在延续着。

以前的船桥屋人是怎么想的我不知道，但现在，如果使用一些防腐剂延长其保质期的话，我们可以将其推广至全国，其销量也会大大上升。

可是，那种做法是不自然的。

无论制作需要多长时间，保质期只有2天。这么短暂，就好像是天空中转瞬即逝的烟花一样。但对于我来说，那种刹那间的口福比什么都重要。

为什么前辈们会选择制作这种如此消耗时间的食品呢？为什么这种制作方法200年都不曾变过呢？

因为，这样的商品就是我们船桥屋的招牌。

我们企业最重要的理念，就是保持它的自然状态。这种自然状态，也可以理解为它的固有属性。

我们不追求不合理的利益，而是保护它的固有属性，然后让人们感觉到快乐。让客人享受食物的快乐，让客人共情我们的快乐。在客人快乐的同时，我们共情客人的快乐。这就是我们船桥屋存在的意义。

松下幸之助先生主张的"自然法则"

保持自然状态才是经营的本质，这样的经营理念，除了我之外，还有一位被称作"经营之神"的商界前辈也曾提到过。

没错，他就是松下幸之助。

探究一下松下幸之助先生的经营秘诀，我们就会得到这个答案。

"其实也没有什么特别的东西，硬要说的话，那就是在工作时遵从天地自然的法则。"（松下幸之助《实践经营哲学》）

就像我们在下雨天为了不让自己淋湿要打伞一样，对一件事，就应按照其规律来实践。这才是经营。

所谓的公司经营，就是要生成并发展自然法则的特质。并且，即便在遵守自然法则的前提下没有获得想要的成功，也不要强行违反这种法则来进行工作。应该做的就做，不该做的就别做，所谓的成功就是这么简单。

我在想到这些之后，终于可以确认："我们一直以来所做的事就是这样的。"

自然绝对不能去违反。以固有属性为主旨的船桥屋，就一直在遵从着自然法则。

食品本是最具有自然属性的产品，但是，今天的饮食文化却在追求快速化和效率化。在这样的大潮之中，从某种程度上说，葛饼几乎成了一种奢侈品，而这就是我们船桥屋通过葛饼的制作一直在履行的使命。

对抗自然，人就会变得苦恼

这样一来，我对自己会变成烦恼型经营者的原因，就全部了解了。

从那以后，我就把"要做一个优秀的第八代掌柜""守护船桥屋的招牌"等想法渐渐放下了。实际上，这还并不是我苦恼的最直接的原因。直接原因是，之前的我认为这些想法很重要，因而我会为了实现这些而拼命努力。

简单点来说就是：我一直在做一些违反自然法则的事。

只注重以自我为中心的理想，一味追求提升销售业绩和利润的管理是一种不自然的行为，它必然会让人感到苦恼。

不得不说，我在辞去银行的职务来到船桥屋的时候，这件重要的事情被我忘得一干二净。我由于违反了自然法则，才会不断地和工作伙伴产生冲突。

为了不再忘记这件重要的事，我将其牢牢地记在了心里。以平常心去接受此时的状况，用心感受此地，事情该怎么做就怎么做，然后面对此人（自己），发现自己应该做的事情。

通过这样的观念，我经常告诫自己：

"此时，此地，此人"才是最重要的！

快乐经营：追求快乐，比业绩与成长更重要

两个终极问题

经历了这样的过程，我终于领悟到了与共情管理息息相关的"此时，此地，此人"。

到底为了谁，为了什么而存在？我曾经不断地思考这些问题。而就在这个过程中，我找到了正确的进步之道。接下来，我就以两个终极问题为主题，把我在演讲中说过的内容转达给大家。

表2　两个终极问题

问题1	自己的公司到底是为了谁，为了什么而存在的？
问题2	为什么你的顾客现在会购买你们公司的商品，选择你们的服务（而不选择其他公司的）？

首先，我会阐述一下，自己的公司到底是为了谁，为了什么而存在的。

然后，我会解答，为什么你的顾客现在会购买你们公司的商品，选择你们的服务（而不选择其他公司的）。

遗憾的是，很少有人可以直接回答这两个问题。

一见到这两个问题，绝大多数人都只能含糊其词，或者苦笑不语，还有一些经营者会以"工作太忙，没时间考虑这些东西"这样的话来搪塞。

这样一来，这些领导者，就是在没有反思自己（或公司）的前提下管理着整个组织。

吉川英治的话，让我关注"此时"的重要性

这里大家一定不要误解，我们没有必要为了得到答案而独自面对自己。

其他人在此之前说过的一些道理，或者平时一直在支持自己的人不经意间说过的话，都可以成为让你自省的提示。

对于我来说，我的提示来自我的祖父。

在我小的时候，我的爷爷，也就是船桥屋第六代掌柜，经常让我坐到他的腿上，跟我说很多话。

　　而我印象最深的，就是吉川英治先生说过的话。我们都知道，吉川英治是昭和时代最具代表性的作家，《宫本武藏》等作品为人熟知。实际上，他与船桥屋也颇有缘分。

　　吉川英治先生非常喜欢拿面包蘸黑蜜吃，每当写作疲劳时，他都会吃一些黑蜜面包。而在吉川英治先生寻找黑蜜的过程中，他注意到了船桥屋的黑蜜。

　　这种机缘巧合之下，吉川英治与船桥屋有了密切的往来。不久之后，吉川英治在一块榉木板上挥笔为船桥屋题写了一块牌匾。吉川先生在这么大的一块招牌上题字，这可是仅有的一次。这块牌匾，即便是作为历史资料也很有价值，它现在依然悬挂在本店的饮茶室里。

　　这些话或许有点跑题，但是我的爷爷很喜欢给我讲吉川英治先生的故事，在这个过程中，有一句话给我留下了深刻的印象：

　　"登山的目的肯定是攀登至最高峰。但是，人生的乐趣，生命的快乐，并不在那个山顶上面，相反，它们存在于各种逆境和半山腰之上。"

图3　吉川英治题写的船桥屋牌匾

这是他在《丰臣秀吉：新书太阁记》中说过的话。在我一味地向上看，与老员工冲突不断的日子里，我深切地理解了这句话的意义。

正如吉川先生说的那样，攀登到最高峰这一目标是不可动摇的。可是，如果你不能理解你要完成这个目标的原因，也就是说，如果你不知道你为什么要去登山，那么登山只能是一段单纯吃苦的旅程。

反之，当你在理解的基础上去登山时，你会看到一个不一样的世界。这样的世界，有着清新的空气、小鸟的鸣唱以及自然的美景，我们也会因此感到舒畅。

吉川先生以登山为比喻，阐释了其中的道理与价值观：我们应该学会享受半山腰，享受此地。

找不到发展方向时，快乐是航向标

基于吉川先生的这句话，我也了解了我登山的意义与价值：既然身处半山腰，那就享受半山腰的乐趣。

正因如此，葛饼的乐趣才能在社会中传播，而我们公司，也将"帮助与葛饼相关的人感到幸福快乐"这一理念作为经营的第一要义。

"这样的经营方针还从来没有听说过""不以业绩和利润

为判断基准的公司恐怕是维持不下去的"……或许有些人会产生这样的想法。

可是，请大家冷静地思考一下。

一家是以提升业绩和利润，进而帮助公司成长为目的的公司，一家是以让周围的人感到幸福快乐为目的的公司，如果你是一个求职者，你会进入哪家公司？站在客户的角度，他们又会购买哪家公司的商品？

扩大与成长，对于一家公司来说肯定是必要的。然而这只是一种我们想要的结果，并不是一家公司存在的意义。

如果某个经营方针脱离了存在意义这个层面，那么这家公司所追求的，仅仅是一种外部的"充实感"，而缺乏内部的存在感。这样一来，领导者的苦恼就会扩散至整个集团，最终让公司变得机能不全。

对于船桥屋来说，利用葛饼让人们感到幸福快乐就是它的存在意义，因而我不能独断专行地规定公司的发展方向。如果你对经营方针举棋不定，你就问问自己：该怎么选择，才能感到轻松愉快？这样你就可以找到属于自己的进取之路。

以快乐为基准，吸引数量庞大的求职者

这种类似于大学生活动的领导方式，几乎可以被称为无责任领导。可能有人会认为，以乐趣为经营目的，到最后可能一点乐趣也没有。

然而，我们公司却因为这种追求，一下子迎来了转变。

我们以"此时，此地，此人"为基础，经营时一直在判断这样做是否会让人感觉到快乐。在这个过程中，船桥屋的一切变得明朗起来。

就像我在开头说的那样，员工与兼职人员的工作动力与之前相比有了明显提升。

这样的话，即便没有严格依照PDCA循环（Plan-Do-Check-Act）进行管理，依靠员工的自主性，也能产生很多优秀的想法。不仅运营上变得顺利，而且各位员工会为了让自己变成公司所需要的人才而不断地进行各种形式的努力，进而帮助我们公司避免后继无人的问题。基于这种意识上的改良，那些受"不良文化"影响的员工也不再随便对顾客说话了。

对于我个人来说，我没有再和父亲及老员工们产生过冲突，也因此变回了原本那个以"人生就要享受当下"为信条的乐观的第八代掌柜。

　　这种在员工之间创造出的幸福快乐的氛围，也被来店的客人们感受到了。由此，我们不仅有了大量的回头客，还有越来越多的新客人慕名而来。

　　不仅如此，公司最终也获得了成长。只要有葛饼这种保质期只有2天的食品，即便我们的事业没有扩大，但公司发展的前景依旧一片大好。

　　10年前，来船桥屋应聘的新人只有200人左右。但经历了这样的进步，如今，有17000名毕业生来此寻求工作，船桥屋也成了一家人气企业。

　　这些都是我以快乐和幸福为基准进行经营的成果。

　　可以说，跟随自己的心，以固有属性为目标，这是本书中共情管理法的精髓。

　　话说回来，要理解我的这些话也不容易，因为我无法对其进行再现，所以难免缺乏一个实际的印象。

　　在下一章，我将具体介绍一下，船桥屋是怎样实现幸福与快乐的组织运营的。

能让员工感到快乐的共情管理指南

1. 从束缚自己的枷锁中解放出来

舍弃"必须……"和"应该……"之类的想法。

2. 把握公司和团队的存在意义

问一下自己,公司是为了谁而存在的。

3. 了解自己快乐的根源

不要违背自己的固有属性,做一些没有道理的事情;反之,要去思考一些能让自己感到快乐的事。

第二章

组建团队要参考《航海王》

——共情管理的组织论

真正的领导者：周围的评价促进共同成长

以社内选举确定领导人

船桥屋这样的公司，并不以提升利润和扩张为企业目的，而是以幸福与快乐为最重要的判断基准而持续运营。然而即便如此，我们也有一项最适合公司的制度。

这就是"领导层选举"。

在船桥屋，人员的任命不是由我一个人决定的，而是由正式员工和在此持续工作五年以上的兼职员工通过匿名投票来选举的。

这是一种基于快乐这一判断基准的制度。

大家想象一下：无论是普通人还是同事，一个不受人尊敬的人，仅仅因为工作时间长等理由，就成为自己的上司。遇见这种事你会怎么想？

你一定会产生各种不满吧。

所以，与其从上到下由我一个人来任命，不如让员工们基于自己的意见，选出自己信任的管理人员，这样显然更能让人满意，进而让工作的过程更加快乐。

到现在，这种领导层选举已经进行了两次。

第一次选举时，有一个叫佐藤恭子的女性员工获得了超过半数的选票，成为船桥屋的二号执行董事。她现在是企划部部长，负责船桥屋产品的创新及社交媒体营销等重要课题，发挥着重要的领导作用。

第二次选举，获得最多支持的6个人都成了部长或课长。

而且，这6个人中，有两个人还不到30岁。

对于这种制度，有人可能会想：让员工根据自己的好恶进行选举，就有可能无法让一些全心全意工作的人的努力得到回报，这样是很可悲的。然而，事实并非如此。

到目前为止，被选举出的员工有一个共同点，那就是几乎每个人都支持他们。

这些人不仅为人友善，交际面广，而且在平时的工作中，他们的努力都被大家看在眼里，其业绩也都能被大家承认。大家选举的是自己的上司，所以他们都会基于平时的表现来评价。

33 岁的女员工成了二把手

相比于社长依据自己的喜好来任命，通过选举而形成的人员配置会更加公平，更加让人感到满意。

实际上，刚开始也有很多人对此感到不满，但没过多久，他们就接受了这样的制度，并且提高了自己的工作积极性。

第一次选举时就有这样的事例。

佐藤恭子就任执行董事的时候，才33岁。

在船桥屋比她资历老的人有很多，而她却击败了众多老员工，一下子成了二把手。

在她就任时，我也感觉到有一部分人对她感到不满，甚至有人声称要辞职。

他们的不满我自是能理解，不过，我并没有想办法去压制他们的这种情绪，相反，我选择了放任。

佐藤恭子之所以能够获得超过半数的选票，绝不单单是因为同事的好恶，而是由于她作为社员很勤恳并取得了实际的业绩。这是周围人对她的正当评价。

"如果你们不满意的话，就想办法超过佐藤，然后在下次选举中得到大家的信赖。连战胜的决心都没有，只在这里抱怨，你们觉得有用吗？"单凭这一句话，问题就解决了。

结果，那些人谁也没有辞职，反而都成了船桥屋现在不可或缺的领导层人员。

也就是说，在选举中失败的人，会真切地感受到"周围评价"对自己的影响，然后因此萌生出领导者应有的自觉性和责任感，进而不断成长。

所谓的领导者，绝不是因为在一个组织里工作时间长，或者因为受到老板赏识而得到职位的。只有组织内成员的高评价才可以让一个人变成领导者。这种本质，只有通过选举这种能让所有人感到满意的方式，才能为人理解。

我与员工之间的媒介：培养最强的二把手

让船桥屋变成"草帽一伙"

我实行领导层选举，还有另外一个很重要的目的。

那就是让船桥屋变成"草帽一伙"。

众所周知，"草帽一伙"是《航海王》（尾田荣一郎著）中的角色团体。这部漫画在全球发行了四亿三千万册，主要讲述了要成为"航海王"的主人公路飞与其他极具个性的伙伴团结一心，克服种种困难，到处冒险的故事。在这部漫画被制作成动画片并搬上大银幕之后，不仅是儿童，成年人也非常喜爱这部作品。

对于船桥屋的组织经营，如果把它想象成以路飞为首的"草帽一伙"的话，就很容易理解了。

从"草帽一伙"这个名字中就可以知道，他们的头就是路飞。

　　但是，其他人与路飞之间绝对不是上下级的关系。自始至终他们都是伙伴，与想要成为航海王的路飞一起，作为"草帽一伙"的一员，朝着同一个目标迈进。

　　船桥屋就是要成为与"草帽一伙"一样的公司。

　　也就是说，我作为公司的领导者，并不是要领导他们，而是要让他们作为我的伙伴，向着同一个目标自主地完成工作。

　　领导层选举就是促进这种良性循环的重要方法。

管弦乐队型组织的团结，靠的不是指挥家

　　话虽这样说，但是没有读过《航海王》的人，恐怕还是理解不了。

　　那么，我就利用管弦乐队，来解释一下这种类似于"草帽一伙"的组织形态。

　　管弦乐队是由众多演奏家组成的巨大组织。

　　乐队里技术精湛的演奏家们会在指挥家的指挥下形成高度的管理，使乐队演奏出个人无法演奏的美妙旋律。

　　如果看一场管弦乐队的表演你就会发现，指挥家拿着一根小小的指挥棒，就可以操控数十人的演奏。可事实不是这样的。指挥家的任务是传达演奏的方向，对一些音阶的混乱和突发状况进行修正，并且在音量不符合要求时进行调整。

从这种意义上来说，指挥家可以被称作演出家。

领导层选举的目标，是选出"乐队首席"

将指挥家的指令传达给乐队的人，就是乐队首席。

乐队首席一般由管弦乐队中第一小提琴组的第一小提琴手担任。管弦乐队的成功，可以说很大程度上依靠乐队首席。

乐队首席的工作主要有两项：一是在演奏开始前调音；二是将指挥家的指令以容易被人理解的方式传达给乐队的其他人，并引导他们按照指挥家的意图进行表演。简单点说，乐队首席是指挥家与演奏者之间的桥梁。

实际领导者
其实是乐队首席

1. 传达演奏的方向
2. 处理意外状况
3. 给予刺激（进行尝试，促进变化）

图4　指挥家与乐队首席的作用

那么，什么样的人适合当乐队首席呢？

最主要的一点是，这个人需要被其他乐队成员认同，且具有团结作用。

因此，实力与人的综合魅力是不可或缺的。他们不仅要有人人认同的高超演奏技巧，还要赢得其余演奏者的信赖。

这些乐队首席，既不是年长的人，也不是与指挥家私交甚好的人。最重要的是，他们能够获得其他成员的支持。这才是一个乐队首席的全部。

话说到这里，我想大家应该能够明白我实施领导层选举的目的了吧。

我把船桥屋称作管弦乐队型组织就是因为，谁来当这个"乐队首席"对我来说是非常重要的。

如果让身为"指挥家"的我根据个人喜好来任命，或者让工作时间长的人来就任，这样是无法有效管理员工的。

那么，选人的方法就只有一个了，那就是让员工们按照自己的想法来选，选出一个大多数人都认同，并且有实力、有业绩的人。

所以，这样的领导层选举，就是要为船桥屋这支管弦乐队选出一个可以团结所有成员的"乐队首席"。

即便社长不在，船桥屋也能稳定运作

而这个被选出的人，就是佐藤恭子。既然周围的人都选她当"乐队首席"，那么我作为"指挥家"，自然需要她来完成这个过渡工作。

正因为她是"乐队首席"，所以她也就成了公司的二把手。

后来，这项工作她完成得很好。佐藤作为领导者，能够有效地团结大家，在人事、组织运营、商品开发等多个方面都很有建树。现在，佐藤依然是"乐队首席"，她的工作影响了多个部门，并且使很多新手获得了成长，进而让他们以"迷你乐队首席"的身份，与同事们一起努力。

讲到这里或许有人会问："那么，你作为老总，在做些什么呢？"

每次看到佐藤领导着大家在现场忙来忙去，我也会问出同样的问题。事实上，很多熟悉船桥屋的人（包括我），都会产生这样的印象：

"你这个社长真是幸福啊，有佐藤这样一个二把手在，你就算每天不来公司也没什么关系啊。"

我也觉得："嗯，就算我不在也可以。"

但是，这其实就是管弦乐队型组织的本质。

管弦乐队里最重要的就是乐队首席，就算没有指挥家，乐队也能整齐划一地演奏。

现在的船桥屋就是这种状态。佐藤这样的"乐队首席"，可以把员工们团结在一起。当然，佐藤一个人是无法兼顾所有的事情的，因而她也在影响着下一代并帮助他们发挥自己的实力。

那么，"指挥家"的作用到底是什么？

作用就是：描绘总体战略；给予船桥屋员工刺激，让他们以快乐的心态进行工作；为了实现总体战略而组建强大的团队。

老总的工作之一：利用明信片展示组织的进步之道

二把手了解组织的前进方向吗？

我在前面说过，如果有了优秀的乐队首席，即便没有指挥家，演奏也能正常进行。然而，要实现这一设想，需要一定的前提条件。

那就是乐队首席要理解指挥家的意图与方向性。

在不知道如何演奏的前提下让一支管弦乐队团结起来共同表演，这种要求是很无理的。

管弦乐队型组织也是一样的。

如前面所述，我们必须理解船桥屋到底是为了谁而存在的。此外，我还要在重视快乐经营，拒绝无理成长方面做出表率，这些都是非常重要的。

而且，只让公司二把手了解这些显然还不够，必须要让所有的人都理解才行，如若不然，无论多么优秀的"乐队首席"，也无法发挥团队的实力。

也就是说，管弦乐队型组织的"指挥家"有两项必须要做的工作：

第一，要确立一个总目标，阐释组织需要怎样进步，需要变成什么样子，然后给予组织成员刺激，引导他们快乐工作。

具体点表示就是："今年的目标是什么？""怎样做才能让顾客感到快乐？""明年，三年后，以及五年后，组织会变成什么样子？"……

第二，就是选出一个"乐队首席"，让他成为了解"指挥家"意图的二把手，进而发挥其领导能力，一边适应周围的环境，一边组建优秀的团队。

将中期经营计划视觉化

那么，下面我就基于船桥屋的实际情况，来解释一下这两项工作。

要告知员工公司的总目标。我把这个过程描述为"向他们展示画有目的地的明信片"。

自己到底是什么人，我们应该朝着什么方向前进，这些问题是很难理解的。即便是长时间同甘共苦的伙伴，也无法立刻明白这些概念。

这个过程就好比你对一个人描述一些外国的食物与文化，他们只能慢慢理解，无法立刻就懂。

因而到后来，为了方便员工们去体会，我就利用明信片来进行提示。

我把我见到的美丽景色和壮丽的大自然奇观利用明信片展现给大家的话，大家会怎样想呢？这样一来，他们就会对我描绘的国家与场景产生兴趣，进而产生好奇心，心里就会想："真想去看看啊……"

而我就是抓住了人们的这种想法，将我的总目标以明信片的形式呈现给大家。

具体的方法详见下图。

我们的中期经营计划解释了葛饼是什么、船桥屋秉持着怎样的理念，以及我们会朝着怎样的方向发展等问题。

不仅仅是我们的员工，还有包含兼职人员在内的所有与船桥屋有关系的人，都会看到这种明信片。

通过这样的视觉化手段，大家就可以轻松理解我们的总目标、理念及存在价值了。

图5　船桥屋的中期经营计划（2019—2022）

表3　葛饼的理念

葛饼的理念	
（这里记载着船桥屋员工的一些重要想法。大家一定要在这些意识的基础上进行行动。）	
社训	制作重于售卖，抛弃毫末之利

（续表）

经营理念	用心制作葛饼，我们以诚实为美德，为了顾客的刹那口福，在商品的制作上决不妥协，倾注真心，并一直将它实践下去 通过事业价值的永续发展，为社会做出贡献
中期目标	葛饼Re BIRTH宣言：到2022年通过我们的发酵技术给日本社会带来健康 Re BIRTH就意味着改变，以葛饼的机能性为基础，我们要让人们认识并亲身感受我们的葛饼乳酸菌发酵技术，为拥有一个健康的社会做出贡献
经营政策	一灯照隅，每个人都是主角，将大家的"灯火"汇集起来，照亮社会
我们工作的意义和价值	通过工作让自己成长 通过让顾客满意，让公司发展，让我们自己的身心变得充实起来
我们的思想	决不灰心的意志 永远细致的制作 更加优秀的经营 专注当下的人才 我们赞同这里的经营理念，为了实现我们的工作价值，通过自己的行动达到四项成果：最优的品质，最好的业绩，最低的成本，最短的时间
我们的八项基本行动（此时做，此地做，自己做）	1. 我们要设定量化的目标 2. 我们要把握事物的未来，积极行动 3. 我们要遵守约定 4. 我们要经常改变自身习惯，不被过去束缚 5. 我们要做好事前准备，有效利用时间 6. 我们要为了成长进行自我投资 7. 我们要以共同取胜的信念来影响周围的人 8. 我们要为了同伴的成长，共享自己最精通的知识

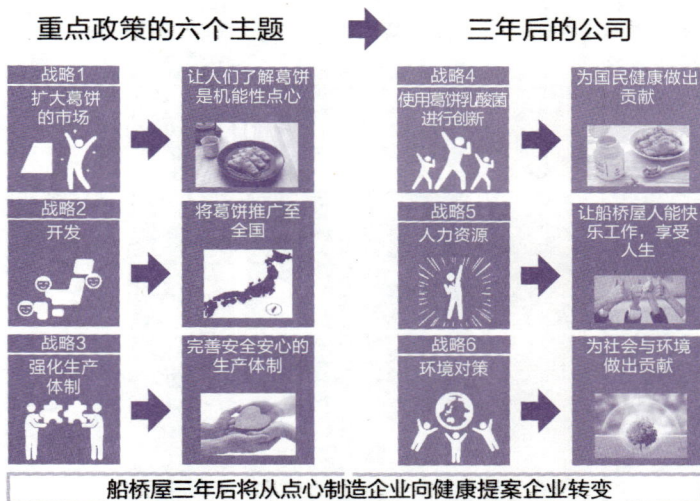

重点政策的六个主题 ➡ 三年后的公司

战略1 扩大葛饼的市场	让人们了解葛饼是机能性点心	战略4 使用葛饼乳酸菌进行创新	为国民健康做出贡献
战略2 开发	将葛饼推广至全国	战略5 人力资源	让船桥屋人能快乐工作，享受人生
战略3 强化生产体制	完善安全安心的生产体制	战略6 环境对策	为社会与环境做出贡献

船桥屋三年后将从点心制造企业向健康提案企业转变

图6　船桥屋的发展方向

FBGs是什么？

SDGs是指联合国可持续发展目标（Sustainable Development Goals），是联合国制定的17个全球发展总目标，其中包含169个小目标，以全球的人为服务对象，在千年发展目标到期之后继续指导2015—2030年的全球发展工作。FBGs就是参考SDGs的理念而形成的船桥屋未来的发展目标。

图7　船桥屋未来的发展目标

---

① HACCP（Hazard Analysis Critical Control Point）是国际共同认可和接受的食品安全保障体系。

战略4　使用葛饼乳酸菌进行创新

1　目的

制造只有船桥屋才能生产的葛饼乳酸菌，并将其推广至全社会，帮助更多人保持健康

2　具体的战略	3　三年后的状况	4　大家应该做的事
·销售含有葛饼乳酸菌的营养品 ·开设与葛饼乳酸菌有关的商品专卖店 ·葛饼乳酸菌的原料供给 ·葛饼乳酸菌的研究（获得机能性）	葛饼乳酸菌的海外进出—提升全球范围内对它的认可度 开发新商品，开设新店铺，研究各种形式的葛饼乳酸菌	希望能够提供一切有关乳酸菌健康与肠道活性的信息 ·探寻各种可能性 为了获取相关依据，在我们做意见调查时，希望大家能配合

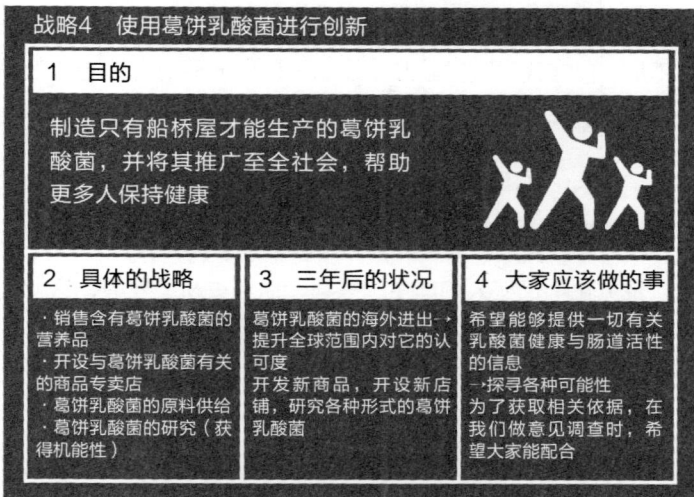

图8　葛饼乳酸菌的创新战略

在把中期经营计划视觉化之后，船桥屋的员工们在意识上发生了明显的变化。

前辈与后辈之间没有什么长幼关系，他们都以船桥屋员工应有的姿态，基于公司的总目标，进行着正常的交流。这种氛围也不断地在公司内部传播着。

这其中最显著的变化发生在兼职人员当中。

在此之前，这些兼职人员对中期经营计划并没有什么兴趣。她们大多数是忙碌的家庭主妇，根本没有时间去看这种所谓的中期经营计划。

但在视觉化之后，他们的兴趣突然开始增强。最令我高兴的还是一位在我小时候就开始在船桥屋做兼职的女性老员工说过的话：

"社长，这还真挺有意思的。这样一来，我们也不能说'我们没兴趣''与我们无关'之类的话了。"

视觉化不仅使人们产生了兴趣，而且更易于理解，这就是我提到的向他们展示画有目的地的明信片。这种工作，只有社长可以做。

老总的工作之二：增加公司的"宣传部"

员工了解公司的优势吗？

在展示了明信片之后，下一件要做的事情就是在公司内增加"宣传部"。

我作为领导者，必须要有相应的理念和总目标，而增加"宣传部"，就是为了把这种理念和总目标传播给周围的人。

船桥屋的重要思维，以及中期经营计划的深层意义等，不仅需要我个人来讲述，而且需要我的同事共同进行宣传，以使其在员工中间传播。

"宣传部"的增加，也是为了让大家了解我的思想与方法。

一些公司有很多的"宣传部"，它们的存在使得高层的理念不断地向周围渗透，进而让组织处于一种活性化的状态。

如果每一位员工能通过自己的话语将所在公司的存在意

义传播出去，这就可以说明，员工已经意识到了公司独有的优势，并正在以此为基础进行工作。

而且，这种意识可以影响公司的氛围与风气，促进组织成长，甚至可以为社会做出贡献。这样的作用，可以用安冈正笃的"一灯照隅"来形容。一个人的光明，可以照亮每个角落。

"一灯照隅"也是船桥屋的经营政策之一。

敢于直面自己的想法，才能成为"宣传部"

那么，在船桥屋，怎么才能增加"宣传部"呢？

其中，领导层选举起到了很大的作用。

作为公司中坚力量的佐藤恭子没有受到资历浅的影响，一跃成为公司的二把手。受这件事的触动，无论是年轻员工还是老员工，心境都发生了变化。渐渐地，他们也和佐藤一样，理解了公司的总目标，成了公司的"宣传部"。

由于"宣传部"的增多，公司的工作氛围也变得轻松活跃了许多。

也就是说，一个管弦乐队型组织的"乐队首席"要想发挥作用，不仅要靠员工的团结，还需要增加"宣传部"以促进理念的渗透。

"宣传部"的增加，不仅仅在于领导层选举。

为了创造一个利于"宣传部"产生的环境，我们导入了丰富的研修制度。

与同规模的公司相比，船桥屋内的研修制度多得令人吃惊。

除了内定者（指与企业签订就业或雇用意向的学生对象）研修和新人的研修之外，针对公司的中坚力量和老员工，我们也会聘请各种讲师，开展各种公司内的研修活动。

内容会根据员工的年龄和资历有所差异，但所有的研修都有一个共通的地方。

那就是以面向自己为目的。

① 自己为什么要进入船桥屋？

② 船桥屋哪一点最吸引自己？

③ 自己想在船桥屋实现些什么？

就像这样，深层次、真诚地直面自我。

虽说通过这个过程人们一定会得到些精神上的东西来给予自己启发（就像自我研讨一样），但这种意图并非全部。

所有的内容，都是为了船桥屋的事业而制定的。

况且，不会正视自己内心的员工，也不会深入考虑诸如"公司为了谁而存在""自己能为社会做些什么"之类的问题。

所以，无法直面自我的人，就无法成为船桥屋的"宣传部"。

而社长的工作，就是多多组建"宣传部"，哪怕里面只有一个人。

帮助员工从看不见的锁中解放出来的精神研修

那么，为了让员工们正视自己的内心，我又该做些什么？如果我把在印度南部学到的冥想照搬过来的话，显然门槛有点太高了。

因而我们所实行的，是聘请心理医生来做我们的讲师，进行精神研修。

这个研修的过程，就是让每个人都去回忆并面对自己小的时候遇到的伤心事。我们要做的是去面对这些回忆最真实的一面。

我们要把自己认为最痛苦的事情告诉那位专家，然后进行彻底的深入挖掘。

然后，仔细去研究自认为应该做的那些事情，是基于自身的成长过程而得出的结论，还是小的时候被父母灌输了某些思想，这些都将经过仔细的探究。

这种被人灌输的"应该……"会在不知不觉间将人束缚

住，我把它称作看不见的锁。

　　所谓的锁，就是源于社会道德或父母的管教，从小就被不断灌输的东西。近年来，支配孩子的人生，采取高压的态度对其进行制约，并擅自决定其未来道路的父母越来越多。还有很多父母，为了支配孩子，采取了精神上的暴力行动，这些都属于看不见的锁。

　　而且，现在很多人还没有意识到自己已经被这些东西束缚住了。他们虽然会感觉到一丝违和感，但他们依然不会做出改变，而是一天一天地把日子过下去。

　　被看不见的锁束缚的人，都在不经意间给自己施加了限制，变得不敢去挑战，唯恐事情出现变化。

　　有一则寓言名叫《被锁住的大象》。

　　动物园里的大象被细细的锁链捆住，一副顺从的样子。凭着大象那巨大的身躯与力量，但凡有一点心智，它就可以轻松地挣脱开那些枷锁，恢复自由身。

　　那么它为什么要默默地忍受这种状况呢？原因就是它从小就戴着这些锁链，而且一直以来它都认为，自己是不可能打破这些枷锁的。

不做"好孩子"，做直面自我的人

作为一个企业经营者，我为什么就敢断言很多年轻人都被看不见的锁所限制呢？

在招聘新人或有经验的员工的过程中，我接触了好几千位年轻人。而我意外地发现，他们中有很多人都把父母为他们制定的未来或父母认为正确的事情当成了自己的想法。

也就是说，他们没有分清父母给予的现实和属于自己的现实。

从父母的立场上来说，或许乖宝宝是最好的。

可是，这类人虽然很乖，但大多数都缺乏勇于挑战的气概。

比如，有些人从小就被教育"千万不要做危险的事""要是你不和大家一样，就太丢人了"等，这部分人进入社会之后，就会变成对领导言听计从的员工。

这或许可以被称为一种美德，但他们永远不会思考新事物，不会去挑战一些一鸣惊人的事。

小时候被父母施加了看不见的锁，长大之后他们的思想和行动也会受到限制。我当上社长后，在招聘人才的过程中发现，这样的人其实很多。

那么，我们就可以得出结论：把员工从看不见的锁中解放出来，就是船桥屋——不对，就是身为社长的我必须要做的事情。

在船桥屋工作的人都不是"好孩子"，而是敢于直面自我的人。出于这种考虑，我引入了精神研修，帮助我们的员工从看不见的锁中解放出来。

"我终于明白自己因何而烦恼了。"

"我终于理解为什么我从小就一直不敢说出自己的真实想法了。"

有这类感慨的员工可不止一两个。从那之后，"宣传部"就开始活跃起来了。

领导者无用论：过度发挥领导作用导致公司疲敝

社长与员工走得过近，会产生等级差距

我把我的理念展示给员工，然后员工把它们变成自己的东西向周围传播，进而形成"宣传部"，由此我得以组建强大的团队。

反过来说，如果我对于这两件事之外的工作也不断插手的话，管弦乐队型组织就会丧失其应有的机能，从而使得组织的各方面出现奇怪的状况。

假设，管弦乐队的指挥者对每个演奏者都事无巨细地关注，那么乐队会变成什么样子呢？

指挥家与演奏者拉近距离，或许可以更好地进行思想上的交流。可是，演奏者有好几十人呢。如果一个管弦乐队中，理解指挥家意图和不理解指挥家意图的人同时存在，那么乐队就

会产生宗派主义和等级差距。

公司也是一样的。

社长要是无时无刻不在检查员工的工作，事无巨细地进行指导的话，乍一看你或许会认为领导者是在发挥领导作用，是在团结整个公司。可是，社长只有一个，他是无法顾及所有的人和事的。一家公司，既有理解社长总目标的人，也有与社长之间存在一定距离的人，这样一来，员工们对于公司总目标的理解度就会产生差距。

为了避免这种状况，只有一种方法：社长不要发挥领导作用。

社长要像管弦乐队的指挥家一样，先说明组织的前景方向，然后任命一个理解这个内容的"乐队首席"。

正如我在之前所说的那样，只要有一个合适的二把手，就算我不下达命令也没什么问题，这就是社长无须发挥领导作用的原因。

对于像佐藤这样的二把手，我一般都会说："嗯，公司就算没我，也没啥关系。"这句话，一半是在开玩笑，一半是我的真心话。

"草帽一伙"能够强大，就是因为路飞没有发挥领导作用

正是由于"社长没有发挥领导作用""社长没有激励并团结员工"，管弦乐队型组织才能取得巨大的成就。如果能理解这一点，大家或许就可以体会出我拿《航海王》来举例的真正用意了。

在"草帽一伙"里，我们很少能看到主人公路飞表现领导威信的场面。他没有对同伴的行为指手画脚，也没有下达这样那样的命令。

所以，引领同伴的领导者到底应该做些什么呢？那就是把"我要成为航海王"的远大目标传达给同伴，然后在此基础上决定船的行驶方向。

也就是说，路飞是这支"管弦乐队"的"指挥家"。

那么"草帽一伙"的"乐队首席"又是谁呢？

他们在不同的故事里有着不同的首席，但总的来说，他们当中每个人都是这样的角色。

路飞最初的伙伴有剑士索隆、航海士娜美、厨师山治、狙击手乌索普、船医乔巴、考古学家罗宾、音乐家布鲁克等，这些成员全都个性十足。

他们的相同之处就在于，对于"草帽一伙"因何而存在、

什么才是最重要的等问题，他们可以像路飞所说的那样，将答案传播给其他人。

路飞心里一直明白，自己要做什么，什么对于自己是最重要的。因而他们对于自己的行动没有丝毫迷惑。

正因为此，即便路途坎坷，即便有时队友们会分散，但最终他们都会让团队回归原来的样子。

从这种意义上说，团队里的所有人都是"草帽一伙"的"宣传部"，而且，他们每个人都是可以活跃组织的"乐队首席"。

所有的成员并不是由某个人任命的，但是他们总能为了"草帽一伙"的利益毫无顾虑地行动，原因就在于路飞始终没有发挥多余的领导作用。

我的目标，就是让每个人都能成为"乐队首席"。

新的领导者形象：孤独的领导者注定落后于时代

孤独苦闷是昭和时代英雄的必要条件

我在组建团队的时候，经常引用《航海王》的故事的理由还有一个，那就是为了以一种便于理解的方式阐释"现代的英雄形象"。

与我同龄的40—50岁的人，一提起"英雄"，首先想到的恐怕就是《奥特曼》和《假面骑士》了吧。

这些昭和时代的英雄有一个共同点：他们都独自承受着苦难与苦闷，同强大的敌人作战。

他们之间并没有性格上的区别，这些英雄平时很轻松阳光，有说有笑，但他们都背负着不可言喻的阴暗过去，并独自承受。这样的人设非常多。

最典型的就是《假面骑士》。

《假面骑士》的主人公本乡猛曾被邪恶组织修卡绑架并进行改造，由此得到了昆虫的能力。冷静地想一下，他觉得自己不应该遭遇这样的悲剧。

但是，本乡猛并没有受到这种悲剧的影响，而是以不屈的精神与敌人战斗。他并没有告诉周围的人自己是改造人，而是隐藏自己的身份，默默地对抗着修卡。

那个时代的英雄，或多或少都有这样的阴暗面。也就是说，孤独苦闷是昭和时代英雄的必要条件。

说到这里，可能有人会觉得这与本书的主题没什么关系，但是事实不是这样。

把这种孤独苦闷的昭和时代英雄的形象延续到现在的，就是企业的领导者们。

由快乐支撑的现代英雄

烦恼型经营者，大多数都秉持着"公司应该这样""社长应该那样做"之类的思维，从而有一种强烈的责任感和使命感，导致他们一直在孤独地战斗。

"正义应该是这样的""邪恶的组织就该被消灭"，独自一人对抗邪恶势力，这样的领导者就是昭和时代英雄的翻版。

然而变化在发生，时代的特征不同了。

所谓时代不同，就是在特定时期，置身于现实社会战斗的英雄所追求的结果导向不同。对于公司的领导者们来说，正确的做法就是遵循时代特征，这是亘古不变的定论。

前面我说过，我父亲在执掌船桥屋的时候，他处在"上行的电扶梯"里。而现在，人口在减少，技术在进步，社会环境已经发生了巨大改变，因而，我们所追求的领导者形象也应该是不同于以往的。

这种形象就在我之前反复介绍的《航海王》里。

路飞没有本乡猛那样的悲壮感，作为领导者也不会感到孤独和苦闷。他有"草帽一伙"，任何的孤独和苦闷，都会有人来分担，因而他可以快乐地朝着"成为航海王"这个目标迈进。

此外，最近的《假面骑士》也改变了主角"孤独苦闷"的形象。假面骑士现在也不是一个人在战斗了，他有了很多伙伴来共同对抗敌人。现在的《假面骑士》，已经从孤胆英雄变成了"草帽一伙"式的团队。

那么，为什么英雄形象会出现这种变化呢？答案很明显。现在这个时代，是人们追求"有福同享，有难同当"的时代。

而且，现在的年号已变为"令和"，这样的年代，不就应该谋求"人人都有美好心灵，创造自己的文化"吗？

快乐是共情管理的本质

一个时常眉头紧锁、苦闷烦恼的英雄，即便能把人们团结起来，团队的成员也不会感到快乐。而且，当看到某个团队死气沉沉、闷闷不乐时，观者也会感到不快。

这种快乐的状态，就是船桥屋所追求的以快乐为判断基准的经营方式，也是共情管理的本质。

要让与葛饼相关的所有人感到快乐，首先，我们就必须要快乐。

那么，怎样才能变得快乐呢？那就是永远追求能让自己快乐的事。这就是《航海王》所传达的东西。

我作为领导者，必须像"要成为航海王"的路飞一样，向同伴展示自己的目的地，接着，为了到达目的地，把船桥屋快乐经营的方法及方向告诉大家，然后不断地增加同伴。

顺便说一句，我们的目的地，就是到2022年时能通过我们的发酵技术给日本社会带来健康。

为了让大家理解基于共情管理的组织论，我会在下一章介绍组织的具体运行方式，以及为了提高"宣传部"同事的工作积极性和组织的活性而实施的决策。

能让员工感到快乐的共情管理指南

1. 明确团队和组织的总目标

不要被以往的习惯限制，用方便理解的方式展现自己三年后的目标状态。

2. 找到一个比任何人都能理解自己的"乐队首席"

平时要向自己身边的人传达自己的想法。

3. 增加团队内的"宣传部"

对员工反复传达自己的总目标与理念。

第三章

快乐不是努力工作的成果，但会创造成果

——共情管理的人才开发

脱离成果主义：摆脱昭和时代的工作方式

人才开发要从制造"场之力"开始

到这里，我已经通过"草帽一伙"和管弦乐队型组织介绍了船桥屋的组织构成和领导者应该完成的工作，继而帮助大家深刻理解了共情管理。

从本章开始我要介绍一些我的实践故事。

我想说一下我为了活跃组织而采取的人才开发措施。

无论是大企业还是中小企业，组织都是由"人"构成的。组织能否顺利运行也取决于"人"。这就是很多企业都会在人才开发上倾注力量的理由。

船桥屋也一样。公司内的人才开发主要表现为"场之力"。

在前面一章我提到，船桥屋实施的是"一灯照隅"的管理政策，也就是一个人的闪光点可以照亮公司的每一个角落，甚至照亮整个社会。

而我的工作就是制造一个可以让人发光的环境，也就是所谓的"场"。

"场"有了力量，每个人的闪光点就会更强。在船桥屋，制造"场之力"，就是我们在人才开发最初阶段必须要做的事情。

我经常把这种"场之力"的制造称为"爆米花"。

爆米花的制作过程，就是把玉米放进锅里，持续加热，之后，每隔一段时间，玉米就会"砰砰砰"地"炸"出来。玉米就是"人才"，锅就是"场"，大家都在里面持续加热，虽然加热的速度有所不同，但慢慢都会"炸"出，成为"爆米花"。

对于船桥屋这样的人才开发的过程，很多人都有极大的兴趣，因而我们经常被邀请去做一些经营研讨会或演讲活动。

用当地的经营者的话来说，绝大多数人都对人才开发感到头疼。

"人才很难集中，怎样做才能像船桥屋那样吸引那么多新人呢？"

"请教教我们如何提高员工的工作积极性吧！"

"我们的员工一考虑到个人的问题就会马上辞职，怎么才能培养他们的爱社精神？"

这种关于人才的咨询非常多，至于解决办法，我希望大家参考一下船桥屋的方式。

努力与成果之间没有关系

要回答这些问题，需要解开一个普遍存在的严重误解（船桥屋的人才开发也一样），那就是成果是怎样形成的。

很多人可能会认为，能够帮助组织成长的人才，就是能在工作中取得成功的人。

事实确实是这样，在咨询我的人当中，有相当多的人认为，人才开发的目的就是取得成果。

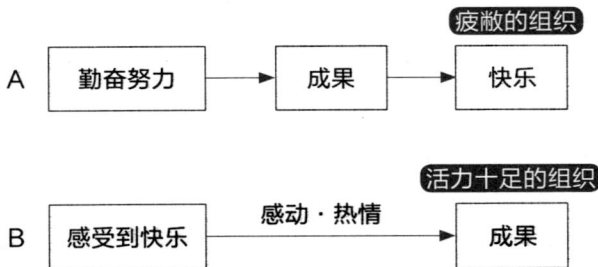

图9　工作"成果"概念图

　　然而，这种目的是很难达到的。因为这样谁也不能保证公司一定会取得什么成果，而且，这些人才也有可能离开公司。

　　原因就是，他们把成果的形成过程搞反了。

　　上图是我们公司的概念图，我们在外部演讲及内部活动时都会用到这张图。

　　首先是A过程：员工们都非常地勤奋努力，虽然过程很辛苦，但可以让公司克服各种困难；然后因为这种成果，员工感到了快乐。

　　这就是人们通常所说的成果的形成过程。

　　对于人才开发，烦恼的社长大多都有这种思维。所以他们在咨询我的时候，最初的话题大都离不开努力与勤奋，问题也基本都是"怎么才能让员工努力""怎么才能培养员工的奋斗意识"……

　　可是，对于这样的问题，我无法回答。

　　在船桥屋，我们都认为，勤奋努力与成果之间是没有什么关系的。

　　甚至，我们的人才开发，要对勤奋努力进行否定。

员工要享受到快乐

就像我之前反复说明的那样，船桥屋是基于共情管理展开运营的，共情管理的目的就是快乐。

当然，这并不意味着让员工玩得开心就可以，而是要以让与葛饼相关的人感到快乐为目的，帮助他们轻松工作的同时追求自己的成果，也就是上图中的B过程。

我们大致把成果分为四类：

· 最优的品质

· 最好的业绩

· 最低的成本

· 最短的时间

乍一看，这和其他的公司并没有什么区别。

可是，我们与其他组织决定性的区别，体现在成果的产生过程上。

只要能发挥"场之力"，员工就可以随时以轻松的状态面对工作，自然也会埋头苦干。

船桥屋之所以能在十年间将经济效益提升六倍，全都依赖这样的过程。

在这里，没有"全力以赴""咬紧牙关"之类的外在压力。

当然，如果有了成果，公平评价和各种表彰也必不可少。这样一来，员工对公司也会产生信赖。

我不仅用共情管理来描述这种理念，还时常用父亲所说的"去公司的状态与去打高尔夫球的状态一样"来描述。

平时，他会以休息日打高尔夫球的放松状态去工作。在父亲身后看到这样的场景，我总是认为"工作可真有意思"。

如果像我一样的人能够越来越多的话，对于整个社会来说也是一件好事。

不过即便我这样说，可能还是有人觉得：工作做得好，人就感到快乐，从结果上来说不是一样的吗？这样想是不对的。

鼓励人们勤奋努力的"昭和斗志论"会使组织疲敝。

并且，这种观念是不会被新时代的年轻人接受的，这不仅会导致人才流失，还会影响公司对人才的使用。

昭和时代的工作方式，年轻人是不接受的

在昭和时代的经济高速增长期中，确实，"努力就有收获，就会快乐""咬紧牙关必有回报"之类的工作方式是必需的。

但是时代已经变了。

我在第一章里说过，我与父亲之间思考方式的差异并不是由性格和思想造成的，而是因为所处的时代不同，但是工作方式却没有任何变化。

通过努力追求成果，这样的工作方式已经与这个时代不相符了。

现代日本社会的成熟程度正如我们所见到的那样，经济不断增长，人口开始减少。但另一方面，信息开始泛滥，美食与娱乐也变得不可或缺。利用智能手机或网络就可以掌握世界上的所有信息。

而身在这样一个现代日本社会生活的年轻人，如果还以昭和时代的工作方式追求成果，显然是没有道理的。

有人问过我："你这是在否定勤奋努力吗？"当然不是。现在的这个时代，人们想要取得成果，靠的不是外在的压力，而是员工的自主性。为了发挥这种自主性，组织的存在方式十分重要。

　　并且，在这样的组织里，员工们可以得到与同事共同努力而产生的满足感，能够因此快乐地工作，进而促进自身的成长。

阿德勒理论：充满"自我接纳、他者信赖与他者贡献"的职场

感到快乐的条件

关于人才开发的下一个话题就是，怎样才能让员工感到快乐，并让他们得到足够的成长。

心理学家阿尔弗雷德·阿德勒总结出了人们感到快乐的三个条件：

① 喜欢自己（自我接纳）；

② 变得信任别人（他者信赖）；

③ 能够感觉到自己有所贡献（他者贡献）。

首先是自我接纳。

这并不是让人们去隐藏自己的厌恶情绪，强行进行积极的

自我肯定，而是接纳自己不喜欢的部分，以"这样就挺好"的心态去承认它们。

第二个条件是他者信赖。

只要能做到自我接纳，自然也会接纳别人。

最后一个是他者贡献，也是一个不可或缺的重要元素。

人是无法单纯靠自己生存下去的。自己受到了谁的帮助？自己又能帮到谁？毫不客气地说，人们都生活在这样的环境里。正因如此，当人们看到有人遇到困难时，总会不自觉地伸出援手。

反过来，被帮助的人也会对你说一声"谢谢"。

每当重大自然灾害发生时，受灾地会出现很多志愿者。或许这是因为人们有一些帮助受灾人员的使命感。但真正让这些人牺牲自己的时间去帮助他人的理由，还是他们可以在帮助人的过程中感受到快乐。

有一个令我印象很深的故事。2011年3月11日，东日本大地震的时候，我去了地震现场，帮助清理废墟。那里的很多受灾者都在说："现在物资紧缺，生活很困难，所以现阶段我们亟须工作。"更重要的是，他们还认为："我们现在虽然是受帮助的人，但要是没有为他人和社会做点贡献的意识，心里总会感觉不愉快。"

通过为他人做贡献而感到愉快，这是一种充实感。

"希望对他人有所帮助"，这样的贡献，就是人们对快乐最根本的需求。

当满足自我接纳、他者信赖、他者贡献这三个条件时就会产生相应的感受，阿德勒把这种感受称为"共同体感觉"。我们可以称这种交流方式为"不被支配的横向关系"。

"场之力"的形成方法

现在，大家请在这三个条件的基础上，回想一下我之前提到的制造"场之力"。

我们在人才开发的过程中，要创造一个让每个员工都能发光的环境。简单点说就是创造一个能让员工们做到"自我接纳、他者信赖、他者贡献"并因此感到充实的环境。

下图是我们船桥屋自行制作的一个人才开发的过程图。

```
                    ┌──────────────┐
                    │  目的地明信片  │
                    └──────┬───────┘
                           │
┌──────────────┐          ▼          ┌──────────────┐
│  涉及多方面的  │─────────►◄─────────│   一对一会议   │
│   社内研修     │                    │              │
└──────┬───────┘          │          └──────────────┘
       │                  │
   ┌───┴────┐  ┌──────┐  ┌──────┐  ┌─────────┐
   │意义与价值│  │信任提升│  │共感力的│  │"一灯照隅"│
   │  共享   │  │      │  │ 形成 │  │的文化养成│
   └────────┘  └──────┘  └──────┘  └─────────┘
   ┌────────┐  ┌──────┐  ┌──────┐  ┌─────────┐
   │经营理念和│  │对公司的│  │共同认识、│  │社内报与项目│
   │总目标与个│  │信赖、对│  │共同理解、│  │活动之间的横│
   │人的价值感│  │商品的信│  │共同体验、│  │向关系强化 │
   │ 相统一  │  │赖、对自│  │共同语言 │  │（品质项目、│
   │        │  │己的信赖│  │      │  │卫生项目、活│
   │        │  │      │  │      │  │性化项目、品│
   │        │  │      │  │      │  │牌项目、梦工│
   │        │  │      │  │      │  │厂项目）  │
   └────────┘  └──────┘  └──────┘  └─────────┘
```

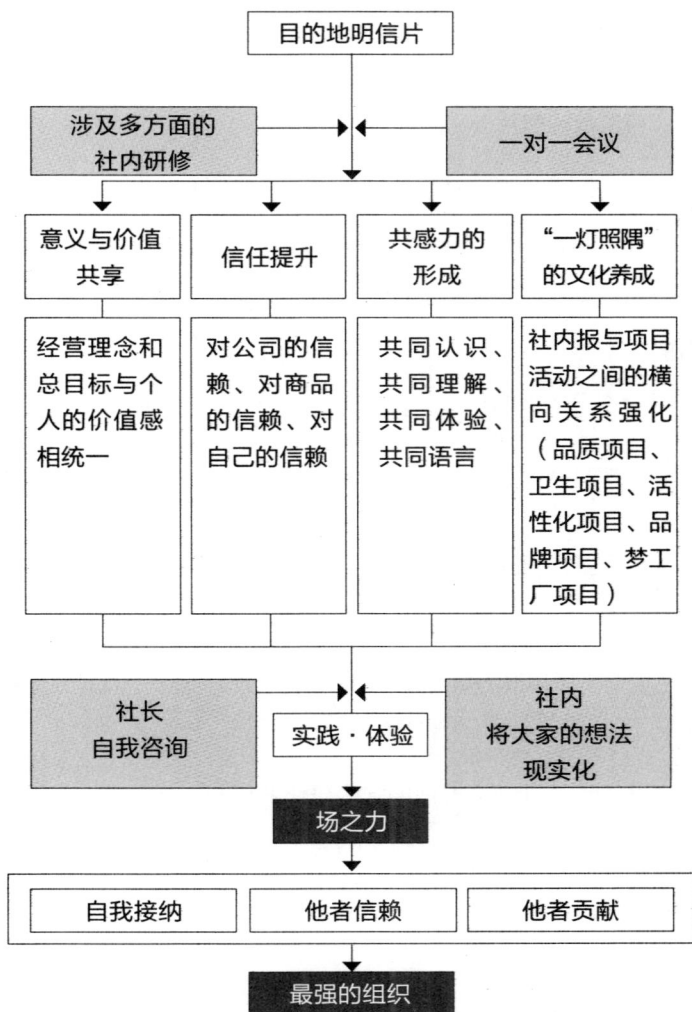

图10　可以制造"场之力"的人才开发过程图

流程图其余节点：

| 社长 自我咨询 | 实践·体验 | 社内 将大家的想法 现实化 |

场之力

| 自我接纳 | 他者信赖 | 他者贡献 |

最强的组织

我来一个一个地说明。

目的地明信片

作为开端的目的地明信片是关系到一切的总目标。前面我介绍过，我们船桥屋基于"为谁而存在""为了什么而存在"等问题，将我们的目标视觉化。这种工作是由身为社长的我来做的。

这个目的地明信片，会通过"宣传部"来帮助所有的员工进行理解。

涉及多方面的社内研修

人的成长，需要认识"固有的自己"，并且接受自己。我在本书的前半段用很长的篇幅介绍了共情管理，而这一点对共情管理是十分重要的。

我们引入涉及多方面的社内研修的目的，就是帮助员工们从看不见的锁中解放出来，去除看不见的锁对他们思想和行动的限制。

一对一会议

在社内研修的基础上，通过与佐藤和各部门管理者的一对

一交流，进行总目标和方向性方面的意见交换，使目的地明信
片与个人的价值观相统一。

意义与价值共享

只有人类拥有能够感知意义和价值的情绪力量。当人们发
现公司经营理念与总目标的价值与意义，并坚信自己能够获得
快乐时，就会自发地产生动力，并在工作上向前迈进。

信任提升（对公司、商品、自己）

这是对船桥屋这家公司的信赖，对出自自己之手的葛饼的
信赖，以及坚信自己可以通过这份工作获得成长的对自己的信
赖。这三方面的养成是非常重要的。

共感力的形成

研修、面谈、社内活动等共同活动让大家有深刻且相同的
认识与理解，并意识到自己是团队的一员，最终形成共通的社
内语言。

中期经营计划的口号也是这样。

"一灯照隅"的文化养成

社内报每月都会成为各部门员工的聚光灯，创造一些涉及多方面的项目，并基于这些活动让人们成为主角，进而让他们获得充实感。

社长自我咨询

我每天晚上都会询问自己："展示目的地明信片、制造'场之力'等工作有没有做好？"然后对自己的工作和行为进行自省。

比如，当有员工来办公室找我时，我就会回忆"自己虽然很忙，但有没有正面、认真地与他们交流""交流时有没有笑脸相迎"等将近十个方面的问题。

当然，要把"自己的心情自己来掌握"作为自身最重要的意识。我认为，任何时候都能够控制自己的情绪是一个社长最重要的资质。

让成果自然产生的"人才开发金字塔"

通过对"意义与价值共享、信任提升、共感力的形成、'一灯照隅'的文化养成"这四方面的实践与体验，让员工们体会到"自我接纳、他者信赖、他者贡献"，以此来组建一个不断创造成果的最强组织。

为了说明这种基于人才开发的管弦乐队型组织的形成过程，我们画了一个类似于金字塔的图，这就是"人才开发金字塔"。

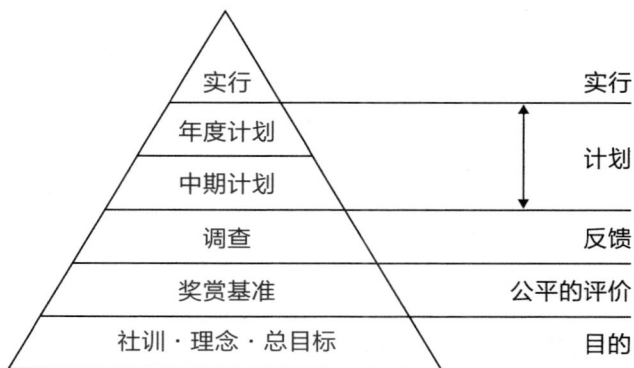

图11　人才开发金字塔

其中的基础就是"目的共享"。以共情管理（社训·理念·总目标）为本质的公司到底是什么，目标又是什么？这类问题，需要由全体员工共同思考。

为了达成这个目标，"公平的评价"是十分必要的。奖赏是不是根据工作及员工的受信任度来进行，这样的问题非常重要。

另外，随着人才开发的推进，我们也要定期调查并获得反馈。我们需要借此了解一下，这个方向是否正确，以及是否有人对此感到不满。

做到了这些，人才开发的基础就算基本完成了。

然后就要进行初步的计划设定了。从中期计划到年度计划，这些短期计划需要被展示给所有人，并被所有人理解。

最后就是实行。为了达成计划，就要落实具体的行动，并进行彻底的管理。当然，这其中也包括对新人的任用决策。不能保证有效利用人才和活跃组织的人才开发是没有用的。

如果能够形成这样的金字塔，人们就不需要通过努力和斗志来强行取得成果，而是通过自身的闪光点感受到快乐，进而自然地得到成果。

很多经营者都忽略了人才开发的基础部分，只注重从计划到实行的上层部分。这样的话，员工们就失去了工作的意义和价值，最终让组织停滞。

掌握"人才开发金字塔"的形成过程，然后创造培养优秀人才的"场"（也就是职场环境），需要具备以下六个特征：

① 让员工共享理念与总目标（让他们知道快乐存在于理念与总目标之中）；

② 奖赏要基于明确且公平的评价；

③ 了解员工的不满与意见（开展社内调查）；

④ 所有的经营计划要在员工之间完全渗透（对于计划要有当事人意识）；

⑤ 要有采用新人的团队，并充分发挥作用；

⑥ 除了工作之外还要有令人轻松的环境与活动。

接下来读者可能会问，船桥屋是怎么具备这六个环境特征的呢？

在下一章，关于可以制造"场之力"的人才开发流程图，我们会对其进行拆解，选取其中部分措施进行讨论。

能让员工感到快乐的共情管理指南

1. 摆脱昭和时代的工作方式

不要让员工以勤奋努力为前提进行工作。

2. 向着管弦乐队型组织转变吧

把团队转变为基于"自我接纳、他者信赖、他者贡献"的管弦乐队型组织，按照人才开发金字塔来检验自己的团队。

第四章

员工技能数据化的重要意义

——共情管理的人事评价制度

公平的评价制度：有评价标准的行动大家都满意

三个机能，创造充满信赖的组织

为了方便大家理解船桥屋人才开发的基本思路及其在经营管理上的定位，这里我就一个一个地介绍人才开发的具体方法。

前面我已经介绍了意义与价值共享，那么接下来，我就说一下信任提升。

所谓信任提升，就是让公司里的人对公司、商品及自己产生信赖。

要做到这一点，就必须有三项条件：

① 具有透明度的组织运营；

② 公平的评价制度；

③ 员工的反馈机制。

在具有透明度的组织运营方面，船桥屋最初召集了全体员工开展了一次总目标发表会，对一年间的总目标进行再确认，利用图表等易于理解的方式讲解中期经营计划，并说明船桥屋的前进方向与方法。

另外，就像领导层选举那样，对于管理人员的选拔，也要以大家都接受的方法进行。

活用个人目标设定表，促进能力开发

然后是公平的评价制度。

这个制度，我们把它分成上下两期，以所有员工为对象，利用个人目标设定表进行记录。

这种人事考核制度要求，每一期开始前，员工要设定自己的目标，等到一期结束之后，根据完成度做出自我评价，最后交由上司来完成最终评价。

由上司（公司）单方面来制定目标并评价的话，无论如何都会有人感到不满以及不信服。而与上司（公司）进行合议之后设定目标与完成基准，然后根据实际业绩由自己和上司进行双方评价，这样就会避免独断，形成公平的评价。

这种个人目标设定表，以"最优的品质、最好的业绩、

最低的成本、最短的时间"四项目标为基础，以能力开发为辅助。这种个人目标的设定，我们公司经常进行。

目标项目为船桥屋的四项目标（最优的品质、最好的业绩、最低的成本、最短的时间），从中选取体现在自己工作当中的项目。

为了实现公平，我们把达成基准分成了S、A、B、C、D几项。衡量标准是：

S大幅超出达成基准（完成度120%）；

A大幅完成达成基准（完成度110%）；

B完成达成基准（完成度100%）；

C基本完成达成基准（完成度90%）；

D未完成（完成度90%以下）。

我们不仅会判断它们的可行性，还会考虑到挑战度和难易度，并将它们数据化。

把所有的东西都算出来之后，就可以得出目标项目的得分，使我们客观地看到每个人的成果。

这种方式并不罕见，很多公司都在采用类似的制度。

船桥屋的个人目标设定表可以说是基础中的基础。接着，我就来说一下我们的两个独特之处：

葛饼人才条件表和技术员工榜样制度。

注重行动的葛饼人才条件表

葛饼人才条件表是面向全体员工的评价制度，技术员工榜样制度面向的是制造部门，也就是葛饼的制作人员。

葛饼人才条件表不同于个人目标设定表，后者评价的依据是成果，而前者评价的依据是行动。

评价项目是全体员工共通的，包括"责任感、获得意识、对总目标的理解、问题解决"等方面。这些内容与人们的立场和工作内容无关，是纯粹基于船桥屋员工的行动而实施的评价。

此外，以此为基础，我们还有等级评价。从新人到干部，被分成了1~9九个级别，以确认他们的行动是否与他们的职务相匹配。

比如，1~2级包含"工作进步方式、学习情况、与同事的相处"等评价项目，3~7级包含"领导力、思维创造"等与团队领导相关的资质，而8~9级则是"计划决定、事业构想力"等管理人员的评价内容。

最后，我们也会实施职位类别的评价。同一位员工在不同的部门会有不同的状态，也会被要求有不同的行动。而这也是基于各部门最重视的行动来进行评价的。

销售等方面的工作需要人们施展瞬时的状况判断，因而我们很重视判断的速度和灵活的思维；而对于营业，则必然需要交涉的能力和调整的能力；同样的，对于配送和进货，人们就要有不设限和不模棱两可的意识；作为经理，就要以数据为基础开展工作……

评价需要权衡成果和行动

以快乐为目标的人才开发，对于根据多方面的行动而进行的评价来说，有着很大的意义。

个人目标设定表根据成果进行评价，确实是公平的方式，但这会让我们陷入成果主义，只重视成果这单一的因素。

成果固然重要，但公司若是固执于此，就会让共情管理（先感到快乐，再获得成功）的根基产生动摇。

因此，我们还要聚焦于人们的行动，从而行使一套平衡的评价体系。

它应与基于成果的评价相同，根据葛饼人才条件表，按照我在前面提到的我们的八项基本行动，对人们的行动给予公平的评价。

　　成果与行动这两项指标，就好像汽车的轮子，只有同时考虑，才能让员工们对这种公平的评价感到安心。

日本企业的困境："神化"技术人员会触发行为不端

技术岗怎么评价

有一类员工，仅靠成果和行动这两项指标进行评价，还是无法保证公平。

这就是技术岗员工。

拥有特殊技术的他们与其他同事一样，都以成果和行动为评价基准，可是在他们当中仍然有人会感到不满。

他们这些人有着超强的技术能力，一直在为公司提供高品质的成果。因而要对他们进行客观公正的评价，就必须要考虑到他们磨炼技术时的姿态和每个人所钻研的技术，否则他们的工作动力就会下降。

工作动力下降了，他们对高端技术的进取心也会缺失。同时他们也会失去教授年轻人、寻找技术的后继者的欲望。

因此，对于技术岗员工，除了成果和行动之外，还要加上一种纯粹的技术标准。这样的评价制度对他们才是客观公平的。

这样的员工所拥有的高技术是可以支撑企业和社会的。但日本的很多公司都忽视了他们所需要的公正评价。

比如，A员工的高端技能是其他人没有的，那么他与B员工之间就没有可比性。

另外，通常来说，员工技能还受到个人资质的影响。同样的技术，有的人一年就能掌握，有的人学三年还是很不熟练，大家的水平参差不齐。

我们船桥屋为了公平评价技术人员而采取的方法，就是技术员工榜样制度。

制造现场的不端行为是怎么出现的？

在介绍船桥屋的技术员工榜样制度之前，我想先说一下它在船桥屋诞生的背景。

前面说过，由于大家的水平参差不齐，所以我们很难保证评价的公平性。

而且，外部的人是很难了解技术员工的世界的，他们的工作场所几乎就是"圣域"，因而我们采取了"制造现场圣域化"的方法。

可是，这样做的话，不用说大家也能想到，不仅没能让组织健全，反而还招致了很大的风险。

因为这是一个外人不了解的闭锁世界，所以内部人员总是认为自己的方法是对的。一旦出现意料之外的状况，他们就无法灵活应对。另外，在那样的世界里，会产生一种金字塔型的权威主义，那些看到错误并指出错误的人，很容易被排除在外。

实际上，人们对"制造现场圣域化"产生的问题的认识还停留在表面。其实，无论是以前还是现在，在日本的制造企业里，一直存在着很多篡改数据之类的不端行为。

当然，每个公司都有自己的经营模式，具体情况是非常复杂的，但是，各大企业也都注意到了这些问题。

此外，还有一个很有意思的现象。制造现场中出现的这些不端行为确实能被人注意到，但是时间一长，人们也会对此视而不见，变得见怪不怪。

当人们发现了企业的不端行为之后，媒体总会以"以高端技术为骄傲的某企业，为何会出现这种事情？"为标题，在我个人看来，正是因为企业以高端技术为骄傲，所以才会出现这样的不端行为。

　　利用高端技术在现场工作的员工往往会产生骄傲心理。如果那些不太了解这些技术的经营者和管理者时常介入，并说一些"你们几个整天都在干嘛"之类的话，就会产生不信任感，最终导致技术员工在公司里被孤立。

　　一旦被孤立，他们自然不会去理会外部的事情，从而无法拥有新的视点和意见，年轻的人才也无法产生。

　　老员工们如果一直以自我为中心，那么就不会有能够指出他们的错误的人。也就是说，制造现场一旦"圣域化"，技术人员就会在组织内树立其权威，其手下的员工就会变得畏首畏尾。

　　这样一来，组织内可能会出现更多被孤立的人，他们会基于自己的判断进行一些篡改，并会将这种不端行为隐藏起来。

具有高端技术的葛饼

　　这种能够引发严重问题的"制造现场圣域化"，在我们船桥屋也曾经出现过。

　　我之前也认为，我们的葛饼，没有技术人员的高端技术，是制造不出来的。我们对技术人员的敬意不断增加，但同时，其他人却越来越感觉到自己对他们的工作插不上话。

　　当然这与葛饼的复杂制作工艺有关系。

船桥屋的葛饼制作分为两个部分：先在冲绳的工厂发酵酿造，然后到龟户的工厂进行最后的制造。

在龟户的工厂，工人们要将发酵过的小麦谷朊用水清洗数日，再用热水焯。成型后入锅蒸，然后放入冷却机冷却，最后进行切割。这个过程中，最重要的就是技术人员的检测。

其具体的工作内容就是对成型的过程、入锅蒸的状态和切割情况等方面进行判断。

其中一个非常重要的环节，是技术人员通过直接用手触摸，来感受刚出锅的葛饼的弹力，进而进行检查。他们把这种细致的工作称为接触作业。

弹力的微妙差异会影响葛饼的品质。这种差异只有技术人员了解，而且要具备这样的能力，需要长时间的学习和锻炼。

毫不夸张地说，正是有了这些拥有高端技术的员工，才能保证葛饼的品质。

技术人员权威化，谁说话时都会怕

正因为他们身怀高端技术，因而他们也会有骄傲心理，工作时就会有一种按照自己的方法来做事的倾向。说好听了这是员工的坚持，说难听了就是固执。

然而，没有他们的话，葛饼就制造不出来，所以对于他们的这种骄傲，谁也无法批判。

　　"这种工作方式肯定不对"这种话谁也不敢说，于是他们就会被孤立；一旦被孤立，他们就更加固执。由此形成了恶性循环。无论何时，船桥屋的制造场所都是他们的"圣域"，他们所做的一切事情自然就成了绝对的权威。

　　另外，一些老员工在年轻时学习的过程很艰辛，因此，当他们面对新人时，也只会说一句"跟着我来做"，而不会手把手地教给他们。

　　这样的话，我们就没法培养新人了。其实，船桥屋在某个时期的离职率非常高。那个时候的制造部门可以用"顽固员工集团"来形容。

　　此前通过领导层选举而就任执行董事的佐藤恭子进入我们公司之前是船桥屋的铁杆粉丝，非常喜爱我们的葛饼。进入公司后不久，她很想直接了解葛饼的制作方法，于是去与工厂厂长见面。

　　现在的新人可以通过新人研修来学习相关技术，但是当时的船桥屋可没有这些。虽然佐藤恭子只是出于好奇心才这样做的，但几天后，一些前辈还是注意到了她。

　　一个老员工说，工厂厂长作为葛饼制造部门的老大，是权威中的权威，不会轻易与一个新人见面。

当然，那个老员工说这些肯定没有恶意，但我听到这样的话还是吃了一惊。

在船桥屋工作的人之间的关系都是对等的，而且面对那些对葛饼抱有兴趣并能够自发学习的年轻人，我们基本上只有褒奖，没有批评。

可是，十几年前的船桥屋的制造部门，就是"圣域"。

强行推进改革对于改变组织风气无益

这些都是过去的事了，现在的船桥屋制造部门早已不再是"圣域"。从新人到老员工，每个人都能提出自己的意见，制造部门以外的员工通过社内研修和项目团队也可以进行交流，无论是工厂厂长还是普通员工，大家都能轻松交谈。

说到这种变化，我想起了此前一个有着同样烦恼的人问过我的一个问题：

"怎么才能帮助制造部门改革呢？请您告诉我，如何才能既不冒犯技术人员，又让信息流通？"

可是，严格来说，针对这个问题我并没有做过什么。无论他们有多么不满，我没有对"制造部门圣域化"做任何处理，也没有试图特别优待某一位技术员工。

相反，如果我进行了所谓的彻底改革，那么船桥屋也不会像现在这样了。我之前说过，因为我的经营改革，我和我的父亲及老员工们产生过冲突。如果同样的事情也发生在制造部门，我觉得事态一样会恶化。

如果无视这些抵抗势力，不屈不挠地进行改革，会让制造部门的不满情绪继续扩大。即便是强行使其服从，他们的心里也只有不满。通过自上而下的改革让公司风气产生变化，这只是一种幻想。

那么，我们是如何在不进行改革的前提下，让制造部门发生变化的呢？那就是让技术人员通过参加品质管理项目，发现自己的工作价值，然后使自己感到快乐。

"希望自己获得成长。"只要有了这样的欲求，公司的风气自然会发生变化。

人们或许会认为这不过是理想的理论，但事实上，船桥屋的制造部门就是依靠自己的意志来改变的。

技术员工榜样制度：公正评价比鼓励打气更重要

对员工技能数据化充满期待

某一天，制造部门的主管来找我谈话。

"社长，我们的技术可不可以也数据化呢？技术人员每天都在成长，大家都很想知道，自己现在处于哪个水平线上。"

说实在的，我当时挺吃惊。在此之前，每个技术人员都对自己的技术拥有绝对的自信，因而我们没有考虑客观评价之类的问题。只要懂行的人自己明白就行了。技术人员配合默契，相互帮助，这就是我们所需要的文化。

但另一方面，我也想过，这种工作方式是不是需要改变一下呢？

我们的制造部门曾经是"顽固员工集团"。此前，制造部门的员工们对我说想起用一些新人的时候，他们都会去参加面试活动。我认为，他们似乎已经考虑好如何培养后继者了。

可是，无论新人们刚开始多么有干劲，前辈们总是让他们看着自己的方法照做，然后就放任不管了。这种指导方法让不少新人在后来选择了辞职。

因此，技术员工们想到，把"配合默契"这种员工技能进行数据化。

技术能有客观评价的话，指导者哪些方面较薄弱，哪些方面做得还不够，就一目了然了。同样，被指导者也可以通过数据感受到自己的成长。

有了这样的公平的评价制度，我们就可以培养下一代的技术员工。

基于这种期望，我们制定了技术员工榜样制度。

让员工技术变得全面的技术员工榜样制度

下面，我就具体介绍一下技术员工榜样制度。

我们基于"工厂、原料、制馅、卫生·安全管理"这四项内容，制定了作业等级表，进行职位种别评价。

从基本的作业到员工技术的评价，我们把多方面的技术都进行了数据化。其中，难度较大且难以熟练掌握的技术，其得分相对较高。

　　比如说，前面说到的接触作业在所有的技术中是分数最高的，为30分。在这一项中，那些非常熟练的技工们也很难拿到满分，所以新人们基本上是得不到分的。

　　这样一来，通过数据化，我们就可以了解技术员工们哪些方面比较熟练，哪些方面比较生疏，并能够帮助他们了解自己现在的水平。另外，我们也可以了解培养新人方面的要点与课题，由此，指导工作也可以具体化。

表4　作业等级表

工厂		
1	原料使用	10
2	焯水	10
3	布敷	10
4	剥皮	12
5	加垫	10
6	切割	14
7	接触作业	30
8	蜜煮	10
9	裹蜜	10
10	裹黄粉	10
11	输液泵	7
12	输液配管	5
13	半成品泵	7
14	冷却台	7
15	细菌检查	5
		157

原料		
1	早间原料准备	10
2	换水作业	10
3	分类运送	7
4	前期作业	7
5	原料订购管理	15
6	清洗配管	5
		54

制馅		
1	原料订购管理	6
2	豆沙制造	10
3	小豆制造	15
4	红豌豆制造	15
5	白蜜制造	6
6	焦糖蜜制造	3
7	食器煮沸	3
		58

卫生·安全管理		
1	卫生管理	12
2	异物混入意识	12
		24

合计293分

这种职位种别评价需要工厂厂长进行现场打分，293分为满分，分数受到等级的影响，一定等级的技术员工会得到相应的津贴。

得分达到150分可以被称为高等技工，津贴额为每月1万日元；达到180分可以被称为名人，津贴额为每月2万日元；达到220分可以被称为达人，津贴额为每月5万日元；达到250分可以被称为巨匠，津贴额为每月7万日元。

设定了这些等级之后，评价制度就变得公平且易于理解，还有助于提升新人们的工作积极性。另外，这种基于总分的评价方式也可以防止员工们技术上的偏科。

表5　榜样津贴

等级	津贴额（日元）	得分（满分293分）	得分率	备注
巨匠	70,000	250~	85.3%~	每次得20分
达人	50,000	220~	75.1%~	每次得20分
名人	20,000	180~	61.4%~	每次得20分
高等技工	10,000	150~	51.2%~	每次得10分
中等技工	5,000	120~	41.0%~	
初等技工	2,000	90~	30.7%~	
实习生	0	~89	~30.7%	

比如，擅长接触作业的技术员工，如果其他的基本工作做不好，他们的得分也会很低；相反，某个人即便不擅长接触作业，但如果能做好其他的工作，他的得分也可以变得很高。

这种制度不仅仅有利于技术能力突出的员工，还有利于所有不断努力的人，促使员工们全面地掌握与制造相关的所有技能。

让葛饼听音乐？

技术员工榜样制度改变了员工在制造现场中的意识，从而不仅提升了员工的工作动力，还加强了组织内的信息流动。

此外，我想着重讲述的，不只是人们对技术的磨炼，还有每个人为了创造美味的葛饼所进行的认真思考。

最具代表性的例子，就是在原料于龟户工厂水洗并制作的过程中所采用的水晶球音乐。

水晶球是由二氧化硅粉制成的球状乐器。轻轻敲击其边缘，它就可以发出非常空灵的声音。因为它可以对脑细胞产生有益的影响，所以在冥想和治疗的时候经常使用。

在船桥屋，这种水晶球音乐会在葛饼制作期间响起。

大家对技术人员的通常印象，大概就是重视传统、忠于技术，并致力于将技术代代相传的人。船桥屋之前的技术员工们就是这样，都在继承前辈们的技术，且不喜欢新的制作方法，认为那些东西是歪门邪道。

然而，在实行了技术员工榜样制度后，这些现象都不复存在了。

从那时起，这些技术员工不仅会积极地继承前辈们的经验，也会尝试引入不同的制作方法与新的技术，他们的思维因此变得灵活起来。

并且，为了让葛饼变得更加美味，大家商量过后，决定使用水晶球音乐。

事实如他们所料，听过水晶球音乐的葛饼果然变得更加美味了。

在这个时代，科学之光也会照亮员工技术

讲到这里，有人可能就要怀疑了："整天一本正经地讲这些没有科学道理的话，船桥屋的未来真的没问题吗？"

其实，"音乐制造"绝不是无稽之谈。在日本的传统制造业中，人们经常使用这种方法，且效果明显。

在鹿儿岛县枕崎市，有一家名叫金七商店的鲣鱼干工厂，他们在制作"本枯节"（以新鲜的鲣鱼为原料进行手工制造，并且用霉菌腌制的鲣鱼）时，会播放莫扎特的音乐，他们把这

种鱼干称作"经典音乐鱼干";山口县的某些从业者在工作时也会听一首改编自金子美铃的诗歌《海浪的摇篮曲》的音乐。

正如这些事例一样,很多地方都将发酵与音乐结合了起来。这是员工们在现场基于之前的经验总结出的最好的方法。

法新社曾报道过,在瑞士,伯尔尼艺术大学（Bern University of the Arts）曾做过实验,在埃门塔尔奶酪（Emmental Cheese）的制作过程中,播放不同风格的音乐可以让它产生不同的味道。

山梨县工业技术中心的酿酒中心在酿造过程中给酵母菌施加了音乐震动,增加了其活性,使其发酵时间缩短了两天。另外,通过试饮,人们发现,这种酒比那种在酿造时没有播放音乐的酒更加醇香。

从这种意义上来说,发酵与音乐的关联性或许会在不久之后的将来被证明。

不过,我之所以高兴,不仅仅是因为发现了水晶球音乐的神奇作用,还因为我的员工们为了让葛饼的味道更上一层楼,每天都在共同开发新点子,迎接新挑战。

技术员工榜样制度这样的公平的评价制度,会让员工们产生"继续磨炼技术,追求更好的品质"的信念,从而激发他们的员工精神。

　　所以，在活跃组织的时候，彻底强行管制制造现场的员工，是无法取得效果的。这方面的理由，通过船桥屋的事例，大家应该能够有所了解了。

　　我们要做的不是鼓励他们努力工作，而是要制定一个公平的评价制度。如果能够发挥这种评价制度的作用，我们就可以提升员工的工作动力，使他们不断地发现新的方法和迎接挑战。

　　作为组织的领导者，我们只需要在背后推动一下这种良性循环即可。

能让员工感到快乐的共情管理指南

1. 评价时不要只看成果

我们的评价还要考虑到行动，另外还要将不同职位所对应的技能具体化、数据化。

2. 防止技术岗位"圣域化"

特殊照顾某一部门的话，恐怕会引发不端行为。

3. 公平地评价技术人员和制造人员

制定一项针对专有职务的公平的评价制度。

第五章

真诚倾听，员工会产生共感力和贡献欲望

——共情管理的反馈

社内调查：怎样才能让员工们说出真实想法？

员工不太敢对社长说真话

到这里，我们独有的评价制度就介绍完了。

不过，想让员工们对船桥屋产生绝对的信赖，光靠这些还不够。

请大家回忆一下我在第四章介绍过的"员工信赖公司"的条件：

① 具有透明度的组织运营；

② 公平的评价制度；

③ 员工的反馈机制。

①和②在中期经营计划、总目标发表会及评价制度里就可以完成。问题就在于员工的反馈机制。

无论公司内的信息流动多么畅通，人们总是会对向上司或前辈提出个人意见这种事情有所抗拒。

即便社内有各种研修活动，引导员工发表意见还是会受到时间的限制。所以，当员工们对我的做法产生不满时，几乎没有人会当面对我讲。

就连那些经常跟我开玩笑的人也觉得，站在员工的角度来看，社长永远是社长。

而且，就算是我主动提出希望他们勇于表达真实想法，他们也不会这样做。

这就是作为组织领导者的社长必须面对的烦恼。可是，如果对这个问题置之不理，我们就无法充分听取员工们的意见，也无法成为一家受信赖的公司。

如果他们不对我说真话，我也就没法倾听。

无记名调查——探寻员工真实想法的妙招

于是，船桥屋引入了社内调查。

它正式的名称叫作社内风气调查。简单来说，这是一种匿名意见调查，需要船桥屋的员工对社内风气、经营计划及工作满意度等发表自己的看法。

社内风气调查面向生产、销售、采购、策划、物流等部门，以及经理、店长、一般员工等多个职位。由于调查表没有姓名栏，所以我们不会知道某一个意见是谁提的。

在此基础上，针对社内风气和经营计划，提出了"请让我们听取你的真实意见"，并设定了四类评价让他们表达自己的观点：

① 强烈支持（5分）；

② 不太支持（4分）；

③ 基本支持（2分）；

④ 不支持（1分）。

最后，根据答案算出总分数和平均值。

我们所询问的内容，都是与总目标和经营计划相关的，诸如"为了达成中期经营计划，你对活动的看法"等，因此问题也涉及很多方面（比如"使各部门及自己所在店铺自由发表意见的环境"），但我最关注的，还是下面几项：

① 接受以成果和行动为基准的公平评价；

② 在船桥屋工作至今所感受到的快乐；

③ 切实体会到船桥屋的工作环境正在改善；

④ 以后也想在船桥屋工作。

有了社内风气调查，我们会得到很多针对改良船桥屋的想法。当然，这其中也有很多人提出了一些比较尖刻的意见。

他们的真实想法通常不会向外界透露，而经营者们也会对员工们写出的问题进行认真的思考。

那么，这样做产生了怎样的结果呢？

2008年10月，调查初次进行的时候，分数是54.87分，总共五项评价，满分是100分。2017年，我们达成了社内风气指标分数要提高到70分以上的目标。到现在，这个成绩也一直保持着。

看到这些数字，大家有何想法？有些人或许会认为：你们以快乐为价值基准来进行经营，上面这些项目，也不过只有七成多一点的完成率而已嘛。

如果你真的这么认为，就请亲自尝试一下，同样的调查，同样的项目，你会得到什么样的反馈呢？

我估计，恐怕也就是60分、50分，甚至是40分。

我不是在自夸船桥屋有多么厉害，只是想说明，从某种程度上说，员工们提出的不仅仅是自己的真实想法，还有很多尖刻的意见，这种尖刻，甚至可能会让团队领导者们不敢去看。

将自己的想法写成信给社长

这样的调查有两个优点。

1. 我们可以以此了解员工们心中的不满，以及他们无法当面说出口的牢骚

通过这些，我就可以知道，我们的人才开发进行到了何种程度，也能知道我们在哪些方面做得还不够到位。

虽然我反复强调过，但这里我还想说，人才开发最重要的一点，还是要让员工们感到快乐。而与此相对的一些消极情绪，将其数据化之后，对我们来说是极其有用的数据。

2. 我们可以让员工们知道，我们随时会倾听他们的不满

定期进行这种社内风气调查，会让员工们有一种公司在认真听取我的意见的感觉。

当然了，光倾听还是不够的。为了解决他们提出的问题，我在后面还会介绍如何组织活性化项目团队。

对于那些有着不为人知的不满情绪的人来说，社内调查会让他们无所顾忌地表达自己的想法，也为他们提供了与社长沟通的媒介。这种媒介就是信。

那些心怀不满的人可以通过写信的方式在一定程度上缓解这种情绪。过程很简单，但他们能感受到快乐。

之后，他们也会认为，这种快乐的交流应该继续下去。

假设，我终止了这种调查活动，那么员工就没法"写信"，也就失去了向公司传达自己想法的机会。

正是因为交流能够持续下去，所以它才有意义。如果员工们感觉根本得不到自己想要的结果，或是结果一点也不好，反而受了打击，他们就会拒绝这种交流，公司也就失去了员工的信赖。

为了创造一家受信赖的公司，我们绝对不能屏蔽员工们的声音。

获得关注对员工们来说很重要

这一点我举个例子大家就能明白。一个人一直在跟我们喋喋不休地交流，我们却充耳不闻，这样的话，我们还会被信任吗？

无论是委婉建议，还是逆耳忠言，如果我们不摆出一副认真倾听的姿态，我们肯定得不到他人的信赖，不是吗？

和所有的公司一样，没有认真倾听的姿态，就没有他人的信任。

我虽然现在说着这样的话，但之前我也曾有过终止社内调查的想法。

在快乐工作的同时，员工们针对我制订的中期经营计划经常说一些"我不太明白""我觉得这样没啥效果"之类的消极言论。

甚至，他们会毫不客气地发出很多抱怨："这里应该修改一下。""这里我觉得不太好。"……

我也是一个普通人，看到这些东西肯定会生气。"到底是谁写的这些东西？"这种针对参与匿名调查的员工的愤怒，出现了不止一次。

但是，我还是克制住了这样的情绪。一条一条地看过这些留言之后，我果然发现了一些在平时的交流中注意不到的要点。

我会接受前一次调查所得出的不好的结论，在相关项目上进行改善，使其分数上升。另外，每次部署时所发现的不同问题，以及员工的思考倾向等，这些平时见不到的东西，我也可以通过这种方式来发现。

极少情况下，我确实有点不想理会这些，但是其中的很多意见还是会让我认为，公司可能确实存在那样的问题。

看了他们的留言，我或许会感到不悦，但对于组织运营者和团队建设者来说，这些意见其实包含着很多有用的反馈。

船桥屋每年会进行两次社内风气调查。现在又到了这样的时候，我感觉自己就像是在接受审判一般。

可是，这里面确实有很多值得注意的点，我可以发现很多需要改善的地方，并争取在下一次取得更高的分数。

很多领导者认为，让员工们匿名发表意见这件事很可怕。可是只有倾听批判的声音，自己才能获得信任，这是无法逃避的事实。为了组织的活性化，让员工们说出平时不能说的意见，这是每一位领导者必须要做的事情。

共感力的形成：优秀的团队可以让人产生贡献欲望

缺乏共感，就不会萌发贡献的欲望

目前，关于让员工感到快乐的方法，我已经对一些具体决策做了详细的介绍。

为了真正让员工们感兴趣（自我接纳），我们要确定一些传达总目标与经营计划的方法，以便于人们理解，并且要召开一些总目标发表会。为了让员工与公司之间产生信任（他者信赖），公平的评价制度和社内风气调查等活动也是必不可少的。

做到了这些，员工们就会感受到越来越多的快乐。不过，这个时候我们还需要一个关键的要素，这就是他者贡献。

当人们感觉到自己对他人有用或者能为社会做贡献时，就会感到快乐。但是，如果要实现他者贡献，还需要一个必要的过程，那就是让团队中的每个人都与其他同事具有共同的目标。

如果大家不能分享同一片景色，不能拥有同一个目标，就不会产生为他人创造价值的想法。

如果不能让大家产生共感，人们就不会想要为他人，哪怕是同伴做出贡献。

而我们船桥屋采取的措施，就是制造"场之力"那张图中提到的共感力和"一灯照隅"的文化养成。

具体的过程就是设立多种多样的项目团队，贯穿各部门进行人员选拔，并设定共同的目标。然后，通过项目团队的活动培养大家的共感力，让大家意识到每个人都是主角。

让新手担任项目领导者

社会上的各个组织都在进行着项目管理。

只不过，船桥屋的项目管理有其自己的特点，不仅仅是贯穿各部门进行人员选拔，而且这种选拔与工作经验和年龄无关。

之前，项目刚刚开始的时候，我们选用了一个在销售部只工作了五年的员工。对于他来说，他必须要决定团队的方向，团结成员，帮助项目取得成功。

这个年轻员工带领的团队包含各个部门的人，既有制造部的中坚人员，也有进货管理部的干部。

就是这样，船桥屋的项目管理由新人来领导，而作为成员的前辈及各部门干部则将自己的意见提供给他。也就是说，船桥屋的新人有很多当领导者的机会。

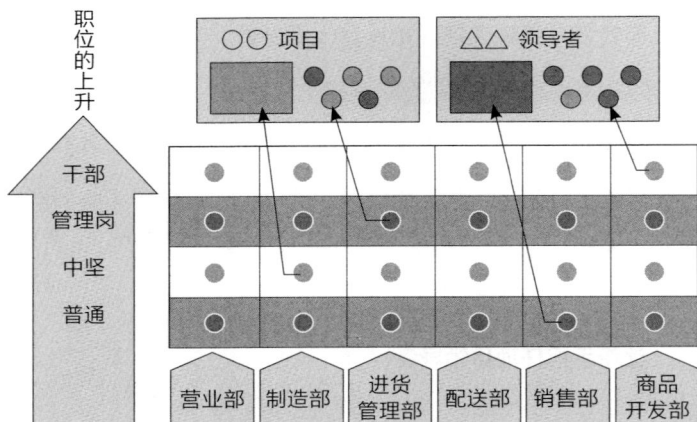

图12 船桥屋的项目管理模式

为了项目的成功，或许我们都认为，让经验丰富的老员工来当领导者，成功率会更高。但是，我们让年轻人来领导，是为了让他们形成共感力。

通过每天的业务和与同事之间的团结协作，他们就可以养成他者贡献的观念。不过，如果这个过程仅限于某一个部门，就难免会受限于员工们的职位与年龄。

或者说，每个部门的贡献固然重要，但这样是无法实现在整个组织内产生共感的。

项目团队真正的目的，是打破部门之间的壁垒，创造一个可以让员工们不受职位或年龄的影响，每个人都能轻松相处的场所。

刚开始的时候，我对让员工们脱离日常业务，与一群不同部门、不同职位、不同年龄的人在一起还有些担心。可是，大家的目标相同，并且会为了实现这个目标而共同出谋划策，无论是普通员工还是干部级员工，大家都会在一个对等的立场上共同讨论，提出意见。

正因如此，大家才会有共感力，并意识到每个人都是主角。

每个项目都能变成业务

或许有人会怀疑：团队成员来自不同部门，职位也不尽相同，这样能轻松完成任务吗？

甚至会有人觉得，让新手或中坚员工来领导，搞不好会让项目触礁。然而我要说的是，这种担心是没有必要的。

到现在，我们船桥屋进行了很多项目，但从来没有哪个项目触礁过。其中的原因，大家看看下表就可以明白了。

在这十五年里，我们实行的很多项目都转变成了业务。

也就是说，我们以项目为开始，但不以项目为结束。

人们对于社内项目，最常提出的一个问题就是：如果员工在做项目时不管不顾，他们就不会理解项目的意义，渐渐地，项目就会一点一点消亡。或者，当项目完成，人们提交项目的报告书之后，这样的团队大多数都会自然解散。

表6 项目进展状况（2011—2015年）

内容	开始时间	目前状况
品质管理（ISO）项目	2001年11月开始	继续
卫生管理项目	2003年1月开始	继续
组织活性化项目	2007年5月开始	继续
USP（独特的销售主张）构筑项目	2016年10月开始	继续
创新项目	2018年4月开始	继续
品牌项目	2008年1月开始	2010年5月转变成业务
适当消费项目	2008年9月开始	2012年5月转变成业务
可视化项目	2012年1月开始	2012年8月转变成业务
2016中期经营计划项目	2012年11月开始	2013年4月转变成业务
品牌项目2	2015年7月开始	2016年3月转变成业务
2019中期经营计划项目	2015年10月开始	2016年4月转变成业务

可是船桥屋并不是这样的。

虽然说这是公司内的项目，但是这些项目并不意味着我们要在某个期限内完成收支平衡的目标，而是要让成员们为了达成目标而在一起共同进行讨论。当然，这样一来项目的时间就会比较长。另外，在这样的讨论过程中，成员会发现一些自己需要专心应对的事，由此可以改变他们的做法与环境，使其作为项目的一部分能够有所成长。

另外一个例子，就是组织活性化项目。它在2007年5月开始，逐渐转变成了组织活性化项目合宿。

随着项目的继续，成员们不断地针对组织活性化的方式进行共同思考。后来他们去了轻井泽，利用当地的研修所，在一处幽静的地方开始了合宿。

而我从来没有说过"就这也值得合宿"这样的话。合宿是他们通过对课题和项目的认真研究，自行开发出的一套方法。

之后，组织活性化项目合宿成了船桥屋的固定活动，现在仍在自主运营。

船桥屋的项目是与业务直接关联的，团队成员是平等的，互为伙伴。

作为领导者的新人和中坚员工们有着与处理业务时同样的热情，不仅在积极学习，对于不懂的问题也会主动请教前辈。

　　另外，干部和管理人员会认为，新人们就这样去领导团队是不行的，因而他们作为团队成员，也必须去帮助他们。

　　就像这样，大家基于共同的目标、言语和认识，共同解决问题，以此促进共感力的形成，意识到人人皆主角。

"一灯照隅"：以每个人都满意的方式选出 MVP
（最具价值员工）

新年会上，员工流下了眼泪

在船桥屋，共感力的形成和"一灯照隅"的文化养成等方面的人才开发，依靠的不仅仅是项目管理。

我们想让所有的员工以及所有的兼职人员基于共同的目标、言语和认识，共同解决问题，进而提供一个形成共感力和意识到人人皆主角的机会。

最具代表性的事例就是新年会。

你可能会觉得，这种东西任何一家公司都有。

但是，船桥屋的新年会不是大家印象中那种大家坐在一起吃饭喝酒的聚会。

图13 2019年的新年会

　　员工们（包括兼职人员）都要身穿西服，尽可能地打扮自己。我们会租用一个酒店的宴会场，西餐、中餐、日料样样不缺，整场宴会就像一场婚礼宴会一般。

　　这并不是什么装腔作势。这一天就是我们船桥屋让每一位员工都成为主角的日子。

　　新年会开始后，我会先说一下今年的总目标，然后慰问一下到场的员工，就像其他公司的新年会那样。

　　这之后进行的就是表彰仪式。

　　去年，船桥屋针对一些对部门或职位贡献巨大的人、拥有成果的人、常年努力的人，设定了诸如年度MVP、年度兼职人员等的头衔，然后把这些人请上台，发给他们奖状和奖金。

而在此之前，谁也不知道哪个人会被表彰，因此这个表彰仪式会吸引很多人，非常热烈。

听到被表彰者的名字之后，有人大喜，有人感到意外，有人竟然激动落泪，还有些兴奋的人出其不意地拥抱了作为颁奖者的我。

一些被表彰者提议一起照一张合影。每年，参加新年会的人都对此非常热情："这哪里是老铺的新年会啊，简直就是经营企业的派对。"他们的热情，也让我感到惊讶。

被表彰者是大家选的，谁都不会感到不满

前面我也说过，表彰仪式的气氛非常热烈。热烈的不只是被表彰者，包括我在内，所有人都能表现出高于平时的喜悦。

他们亲眼看着新人们一步一步地成长，比任何人都了解某个人的努力。看到同事们受到表彰，仿佛自己被表扬了一样高兴。

确实，被表彰者只是其中的一部分，但大家都能感到快乐，这就是共感力。最后，我们做到了人人皆主角。

那么，为什么周围的人会有这样的共感呢？原因就在于，

他们对公平的评价制度持有高度的信赖。

被表彰者不是按照我个人的喜好来评选的，而是基于评价制度，由部长、课长推荐的。

由此选出的员工，都是人人认同、人人满意的。这样一来，就没有人会说出"我真不理解他为什么会被表彰""那个人做得还不如我呢"之类的不满言论了。

没有被表彰的人之所以也会感到开心，就是因为他们能意识到，被表彰的人都是通过自己认同的制度选出来的。

大家来选择，最后大家都认可，人人皆主角，就是船桥屋的主题。

内定者也是公司的一员

我们公司内部还有很多让员工主角化的方法。

比如，船桥屋会以刚入职一年或两年的新员工为中心，每月发表一次社内报。每个月，我们都专注于部门和人员，进行内部沟通，其中，我们会把最能依照总目标理念来行动的员工评选为月度MVP。

此外，我们也会让内定的学生尽快意识到自己是主角。

图14 社内报

与他们初次见面后，我们会将他们分成两个团队，让他们进行商品开发研修，从零开始思考新商品，三个月后他们要在一些干部面前做报告。

通过参考其他公司的商品标准、目标的设定、成本计算等实际商品制造过程中的一系列环节，他们会学习市场意识和团队建设。

还有，每个内定者都会接受两个前辈的指导，我们把这称为内定者学习制度。接着，还要让他们学习船桥屋的思考方式，进行等级研修。

图15　内定者当主角的商品开发研修

这样的研修不仅可以让他们拥有社会工作者的心智，还可以使其做好成为船桥屋一员的准备。

这些就是船桥屋的人才开发的具体过程。

当然，不同的行业和不同的公司形态，会有不同的人才开发模式。但是，对于具体的使管弦乐队型组织取得成果的操作办法，我已经做了叙述。

这家公司是为了谁、为了什么而存在的？这两个问题的答案，是共情管理的必备要素，也是这家公司的工作者必须具备的意识。这关系到人才的成长。

能让员工感到快乐的共情管理指南

1. 让员工表达自己的真实想法

不要有任何的顾虑，立刻实施调查活动。利用这个方式，了解员工们对这家公司的印象。

2. 实现他者贡献

贯穿各部门，设立项目团队。

3. 帮助员工意识到人人皆主角

基于公平的评价制度来开展活动和制订计划。

第六章

社交媒体的扩散也要保持固有属性

——共情管理的市场营销

顾客消费是为了获得快乐和更好的生活方式

市场营销需要先了解自己

关于共情管理的组织组建过程以及船桥屋的人才开发方法，我已经做了介绍。接下来，在本章中，我将讲述对于市场营销该使用怎样的战略。

从经典的德鲁克理论，到最新的市场营销教科书，它们首先讨论的就是：想要销售自己的商品，就要先了解自己。

关于市场营销的手法，我们需要知道SWOT分析法。

无论是外部环境还是内部环境，我们都要分析四个方面：公司的优势（Strengths）、劣势（Weaknesses）、机会（Opportunities）、威胁（Threats）。无论是实体商品，还是虚拟的服务，只要你想把你的事业在社会上拓展到更大的范围，这种分析过程就是必不可少的。

共情管理也不例外，它要求我们先了解自己，深入思考"这家公司是为了谁、为了什么而存在的"。

只有这样，我们才能知道怎样让我们的商品和服务被更多的人了解。

以销售业绩和利润为目标的决策不具可行性

利用SWOT分析法来分析我们的葛饼的话，可以找出很多的劣势。

毋庸置疑，葛饼是江户时代就诞生的传统日式点心，也是日式点心里唯一的发酵食品，不仅有利于健康，还有着其他特色。而且，这种食品几乎是独一无二的，它是由经验丰富的制作人员将长期的经验数据化后才创造出来的富有弹力感的绝妙食品，其他公司很难模仿。可是，它也有一些不利于商业推广的致命要素：

① 制造过程需要450天；

② 保质期只有2天；

③ 人们对其有一种"龟户天神的土特产"的印象。

葛饼的制作过程需要很长时间，被摆上了货架之后，也只能保存2天。

单纯从食品商业方面来说的话，这些不利因素是不能存在的。

但是，我们从来没有为了提高制作效率而改变前辈们的制作工艺，也没有为了延长它的保存期限而使用一些添加剂。

以食物的固有属性为最大前提进行制造，才是我们最重要的事情。

而这也正好满足了市场的需求。

为了自己的销售业绩和利润而进行各种决策，这样是无法打动顾客的。原因在于，顾客买的不是商品，而是购买商品后的满足感。

对于市场营销活动来说，顾客在购买商品后的幸福度及其生活方式的改变决定了成败。

新媒体营销策略之一：用社交媒体为老铺带来新机

社交媒体曝光量增长了 3663%？

船桥屋的市场营销战略都是基于前文所述观点制定的。

最容易理解的例子就是社交媒体的市场营销。

人们可能会觉得意外，一个200年的老铺居然要用社交媒体进行营销？是的，船桥屋从2010年开始，就开始在社交媒体上下功夫了。

我们通过活用社交媒体，让很多十几、二十多岁的年轻人知道了船桥屋的存在，由此扩大了知名度。

其实，在使用社交媒体前后，数据方面的变化是非常明显的。在进行社交媒体市场营销之前，船桥屋推文的月曝光量只有39686；可到了实行社交媒体营销计划当月，曝光量猛增到了1493454，增长了3663%。

那个时候，我们并没有针对某个话题制作宣传动画之类的东西，也没有使用营销界一些新颖度较高的营销手段。

那么，我们是怎么利用社交媒体让人们感到快乐的呢？

网络销售和实体店铺的销量均有上升

对于现在的企业来说，在市场营销方面，社交媒体是必不可少的。随着智能手机的普及，以及Line（一款聊天软件）和推特的大火，我们更加不能忽视社交媒体。

尤其对以网络销售为主的企业来说，使用社交媒体与不使用社交媒体，其得到的结果有着云泥之别。

船桥屋也是一样的。

我们在2011年开设脸书账号之后，网上的销量有了显著的提升。有了公司官网和社交媒体的联动，2011年的销售额比前一年增长了201.5%；第二年，也就是2012年，势头依然不减，销售额比2011年增长了120.7%。

这种效果也体现在了实体店铺上。很多来店的顾客都说："我是在脸书上看到的。"顾客的数量和销售额都有所增加。

此外，我们也获得了全新的顾客群体。脸书的使用者有许多是30—40岁的男性，而这部分人是船桥屋之前很难接触到的。船桥屋利用社交媒体，吸引了很多顾客，其中有很多人的购买目的是给亲戚朋友带去这里的特产，或者将船桥屋的点心作为商业交易的赠送礼品。

在社交媒体上发布图片内容

有了社交媒体，我可以感觉到，船桥屋的信息和葛饼的魅力可以被更多的人知晓，于是我决定强化对社交媒体的利用。

首先，我们在船桥屋的官网首页发布了我们的脸书、推特、Google+及Line的账号。

另外，我们也开通了船桥屋Koyomi广尾本店及船桥屋Coredo室町店的社交媒体账号，同时还在准备我们的官方照片墙。

这样我们就可以让各个社交媒体平台进行联动。

比如，照片墙的内容会与脸书和推特进行联动，也就是说一篇稿子可以在多个社交媒体上使用。

而且，照片墙的主要内容是图片，几乎不需要写什么文章，因此照片墙的负责人可以一边做其他工作，一边用手机在这上面更新动态。

表7 社交媒体的使用情况

	脸书	推特	Line	照片墙
日本国内每月活跃用户数	2800万人	4500万人	7000万人	2000万人
日本国内每月活跃率	56.1%	70.2%	96.6%	84.7%
全球每月活跃用户数	20亿人	3亿2800万人	2亿1700万人	8亿人
用户年龄段	20—40岁	10—20岁	各个年龄段都在用	10—20岁
信息特征	综合信息量大	综合信息量小	综合信息量小	以图片为主
平台特征	最具代表性的社交媒体，日本国内和海外的用户数及活跃率都在增加，商业页面也在增加	适用于向年轻人推广，尤其是日本，月活跃率达到了70%，使用频率很高	活跃率高得惊人，需要注意，正是因为它的活跃率很高，因而信息发布次数多的话可能会被封号	以10—20岁的人群（尤其是女性）为核心群体，它已经成为他们生活的一部分
好友关系	大多数都是朋友、同事等在现实生活中认识的人	大多数是自己的朋友，或者与自己拥有相同爱好的线上朋友	以现实生活中关系较近的朋友为主	以现实生活中关系较近的朋友为主

（用户数、活跃率由社交媒体研究室统计　2017年11月数据）

　　就这样，通过对社交媒体的强化，船桥屋不仅可以发布信息，还可以开发出社交媒体的双向特性，与顾客之间的交流也变得活跃起来。

　　由此，我们可以听到很多顾客真实的声音："店铺能有这样的措施我也感到很高兴。""我希望你们能够继续这样改善下去。"……德鲁克营销理论最重要的一点，就是对外界的各种信息进行反馈。对我们来说，社交媒体让我们得到了顾客们的反馈。

　　当然，除了反馈之外，我们与顾客之间还有了轻松愉快的交流，这才是关键。比如，我们在照片墙和推特上开始进行图片内容投搞活动。我们会从带有标签的相片或动画内容当中选出一些比较优秀的，然后给发布者发放一些奖品。

　　后来，我们以夏天和葛饼为主题，开展了图片内容投稿，这一活动获得了很大的支持。

新媒体营销策略之二：只做广告吸引不到年轻人

推特曝光量超过 1400 万的推特剧

前面介绍的社交媒体市场营销方法，使我们加强了与顾客之间的联系，进而让他们更加喜欢我们的店铺。

同样的，我们希望10—20岁的年轻人也能了解葛饼的魅力。为了创造这个让更多人了解船桥屋的机会，我们开始着手进行信息扩散。

其中的第一弹，我们拍摄了推特剧。

顾名思义，我们要在推特上发布一部电视剧。这是一种新的尝试。

第一部作品叫作《成为一家人》，是以船桥屋为舞台而展开的家族剧。

图16　船桥屋的第一部推特剧作品《成为一家人》

在东京下町船桥屋工作的一名女子有一天离家出走，五年后她带着自己的未婚夫回到了家。这部剧就以一对父女及那个未婚夫为中心，讲述了如何处理家族关系的故事。本剧中除了店铺之外，制造工厂也得以出镜，摄影也是由我们的员工负责的。

这部推特剧共十集，每集两分钟。在正式发布后的一个月内，它的曝光数达到了7701720次，形成了一种爆发式的扩散。

起用粉丝数较多的演员和歌手

之所以能实现这样的扩散，是因为我们有一个详尽的战略。这主要体现在两点上。

一方面是演员和主题曲的扩散力。

这部剧的主演，是从小就活跃在《天才电视君》中，现在在油管上极具人气的桥本甜歌，以及放荡兄弟组合成员之一的八木将康。另外，曾出演过北野武、三池崇史、园子温等知名导演电影作品的渡边哲也参演了这部剧。

而这部剧的主题曲，因其以女性无法言说的内心想法为主题的歌词而备受年轻人的支持。这首歌由四人摇滚乐队Mio Yamazaki演唱。这样的阵容，就算是在普通电视剧中，也能算豪华了。

除此之外，这部推特剧的成功还有另外一个要素，那就是演员和歌手的粉丝。

在这部剧中，我们不光会发布船桥屋的社交媒体账号，也会发布剧中演员和歌手的账号。

也就是说，通过对这些明星的粉丝数进行加和，我们就可以把握这部剧的观看人数。

《成为一家人》发布时（2017年12月），Mio Yamazaki乐

队的粉丝数约11.5万；演员们的粉丝数大概是10万或5万，加起来约有20万。这样一来，可能会观看这部剧的人就有32万。

　　另一方面，它还会得到推特的最大作用——扩散作用的加持。

　　至于其他的社交媒体，它们的影响还不够大。

　　Line可以利用群聊进行交流，但是由于无法定位人群，因而发布消息之后需要经过很长时间才能建立起口碑；而照片墙主打的是图片，只有高质量的图片才能通过标签进行扩散，因而不适用于视频。

　　这样一来，有效果的就只能是脸书和推特了，但脸书基本是以"实名"为前提的，大多数的交流都只是在相互认识的人里进行，所以脸书也不太好扩散。

　　排除掉这些，推特就是最合适的了。

　　推特拥有很多匿名用户，并可以通过共同的爱好与兴趣把大多数不特定的人群联系起来。这是一个过度开放的世界，有时甚至还会引发网络暴力，但在扩散力这方面，推特还是最强的。

　　那么，推特到底有着怎样一种扩散力呢？当某个人看到一些有趣的信息、图片或视频之后，会分享给自己的粉丝，以此来进行扩散。根据某项调查，推特的扩散范围大约是平均每个人能分享给300人。

所以，理论上来说，这部推特剧的观看人数应该可以达到9600万人。

而且，就算不考虑这些演员，平时有很多人会发布自己品尝葛饼的图片，单凭这些，也会形成一个惊人的曝光数。

对电视剧的评价会变为对船桥屋的好奇心

在我们的推特剧中，大家很少能看到葛饼。

我们与这些拥有众多粉丝的艺人合作，并不是将其当作一种急躁的推广手段，而是为了提升船桥屋和葛饼的魅力，让它们被更多的人了解，尽可能地寻求一种爆发式扩散。

可是，如果我直接以传统广告宣传片的手法进行宣传的话，恐怕是没有这样的扩散效果的。

这次，通过发布推特剧，人们可以通过推特看到船桥屋和葛饼。"电视剧挺有意思的，而且演员们吃的葛饼好像也很好吃。""我也去过剧里面的船桥屋。"……人们对推特剧的评价越来越多，自然而然地，他们就会对船桥屋和葛饼产生兴趣。

企业所制作的广告宣传片其实就是用来宣传自己商品的一些广告性内容，可是单纯的具有宣传味道的广告宣传片是无法吸引年轻人的。那种露骨的宣传内容人们看了也不会感觉有意思。

而我们提供的内容，绝对不是传统的广告宣传片，它纯粹是年轻人喜闻乐见的、由人气演员出演的娱乐产品。然后，通过这种纯粹的追剧，人们了解了船桥屋。这也是我们一直在推出推特剧的理由。

如果制作单纯的网络广告宣传片，是不会有这种效果的。

因为从Mio Yamazaki乐队和桥本甜歌的粉丝的角度来说，船桥屋和葛饼不过就是请他们来做了个广告而已，除此之外什么也没有。

只是放出一些广告片段，或许也会有人产生兴趣，但他们肯定不会对船桥屋的葛饼持有任何的好奇心。这种方式就好像我们是在利用Mio Yamazaki乐队和桥本甜歌的影响力来强行吸引人们的注意力，这样显然是不自然的。

我们的做法与此不同，因为我们很了解追剧的人的心理。大家想一下，粉丝看到自己的偶像出演电视剧和出演广告片，哪个更能让他们高兴呢？想都不用想，肯定是前者。

首要因素是要让谁快乐

我之前重复说过多次，当我无法准确判断某件事的时候，我就会想到，决定我们前进方向的，是"我们应该让谁感到快乐"。

这不是我个人的主张，也不是什么理想的理论，而是它真的关系到我们的成果。

我们的社交媒体市场营销也要以人为中心，这个理念是不会变的。

无论我们制作出多么精良的广告片，请来多么有影响力的明星，也不会让人感觉到"船桥屋真厉害""葛饼真好吃"……因为这些都与我们想要的成果没有关系。

但如果我们能让粉丝们看到高质量的娱乐产品并乐在其中，那么他们就会基于电视剧中的舞台而对日式点心老铺产生好奇心，自然就会出成果。

基于这种观念，我们于2019年发布了第二部推特剧《只有两人》。

故事的发生地是我们的姊妹品牌船桥屋Koyomi，由永井理子、班得瑞亚砂也、中岛健、高桥文哉等青年演员出演。相比于前作，本作取得了更大的成功，曝光数达到了1400万，是前作的近两倍。

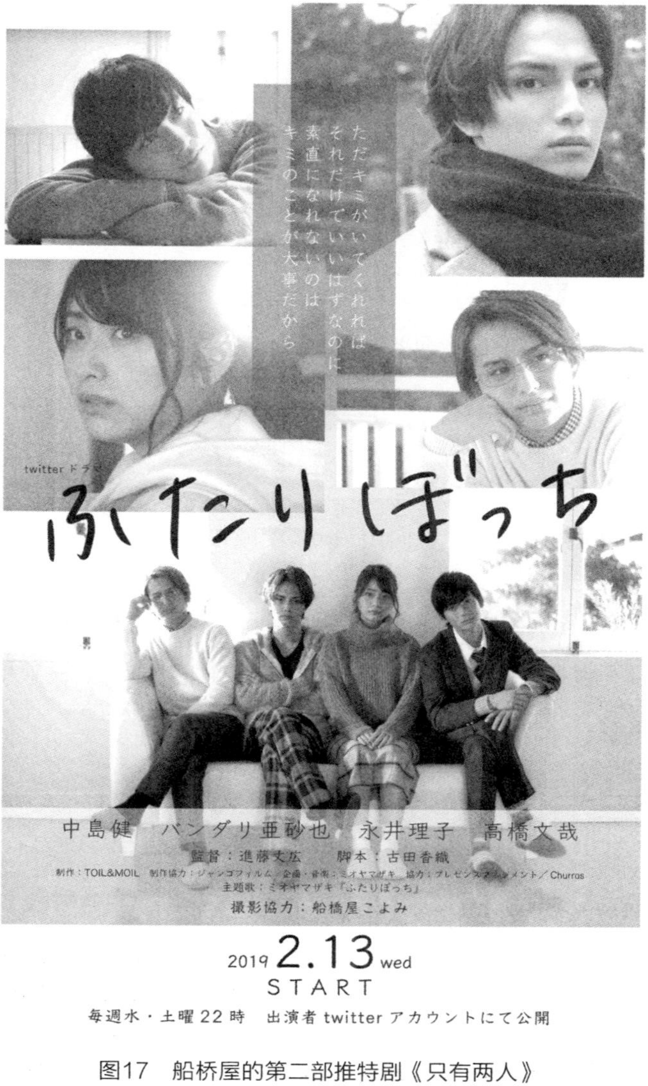

图17　船桥屋的第二部推特剧《只有两人》

能让员工感到快乐的共情管理指南

1. 找到适合自己的市场营销战略

不要急着解决，而要去试着接受劣势，摸索可以提升客户幸福度的决策。

2. 开发新的客户群

活用社交媒体，面向10—30岁的顾客。

3. 先别卖商品，要卖故事

与其跟随潮流，不如思考一下怎样才能让人感到快乐并产生共感。

第七章

从前辈那里
继承而来的
葛饼乳酸菌

——共情管理的创新

创新的条件之一：回归本职工作才是挑战的开始

创新的种子就在公司的资源里

到此，我已经把共情管理的总目标与理念、人才开发的组织论及市场营销都介绍完了。

而大家也一定已经认识到，公司最重要的不是个人主张和理想的理论，而是要让人们感觉到快乐。

最后，我要介绍一个公司成长必不可少的要素。

这个要素就是创新。

无论什么样的公司或组织，都必须顺应时代发展。而为了应对时代的变化，公司是一定要进化的。

德鲁克曾说："企业的目的是创造顾客，其本身固有的机能只有市场营销和创新。"他认为，没有创新，企业就无法长久生存。

那么怎样才能实现创新呢?

没错,就是直面自己公司的资源。

创新的种子不仅仅存在于新的发明中,如果你能发现现存商品和思维的新价值或新用途,也是一种创新。

在发掘自身资源的同时,用心接受外部的反馈,我们就能够发现新的可能性。随着反复发现,创新也会自然而然地出现。

葛饼乳酸菌的创新之路

其实,船桥屋就成功地通过一些自然的过程催生出了一些创新,其中之一就是葛饼乳酸菌。

我在序章里提到过,葛饼里富含植物性乳酸菌,人体摄取后会改善肠道内益生菌。我们把这种乳酸菌命名为葛饼乳酸菌。

2018年夏天,我们制造了加入葛饼乳酸菌的棒冰,然后针对关心健康的人群,又制造了葛饼乳酸菌REBIRTH。从2019年3月开始,我们与新大谷酒店合作,含有葛饼乳酸菌的甜品与糕点也相继上市。

今后,我们还打算开发一些方便顾客食用的果冻型饮料,并且现在正在为此做准备。此外,我们还在表参道地区开了一家以"Good Aging（健康熟化）"为主题的店铺，店内菜单上的食物也全都含有葛饼乳酸菌。

接下来我就说一下，我们是怎么通过挖掘自身资源和接受外部反馈，发现葛饼乳酸菌并使之成为我们的支柱的。

创新的条件之二：倾听顾客的声音

葛饼的意料之外的功能

2007年，为了建立管弦乐队型组织，我们开始了人才开发。当时公司内很多人主张创新的必要性，所以我们也开始了一些创新项目。

通过彻底讨论和共同商议，我得出的答案是创造葛饼的新价值。我立刻去查了一下葛饼的历史和其特性，由此我有了一个意料之外的发现，它就是顾客的声音。

"我奶奶现在90岁了，依然很爱吃葛饼。"

"我得病之后一直没有食欲，但吃了葛饼以后很快就变好了。"

像这样的话，客户经常对我们说。

研究机构从各个角度进行研究，在葛饼的原料——小麦谷朊发酵物中发现了十三种乳酸菌，并从葛饼乳酸菌中提取并培养出了乳酸菌副酪蛋白。

这种乳酸菌副酪蛋白是近年来的重大发现，吸引了全世界的目光。植物性乳酸菌的酸性比酸奶中的动物型乳酸菌的更强，更容易被输送至小肠，对奶制品过敏的人也可以放心食用。它不仅可以清理肠道，而且可以提升免疫力，还具有抗过敏、美容等作用。

葛饼乳酸菌里除了有乳酸菌的菌体之外，还含有由乳酸菌产生的完整的生产物质。乳酸菌生产物质有一定的保健效果，有助于提升人体的综合素质。这种功能的基础，被认为是酵母促生物原。它在改善肠内菌群的同时，可以介入肠道免疫。

我们对八名在三个月内坚持食用葛饼乳酸菌的人进行了肠道检查，研究之后发现，肠道内可破坏肠道环境平衡的有害菌体明显减少。当时做检查的医生也很惊讶，他说："结果还不止于此。"

由此，我们发现了葛饼乳酸菌的惊人功能，于是我们开始加速创新。

吾之所求，近在眼前

我认为，所谓的创新，并不是加班加点地寻找，发现新东西，而是直面自身的资源，使其产生新的内容。

人们经常因为自己的缺失感而想要精益求精，最终因为追求理想而陷入混乱。可是，变化的关键其实就在你身边。

这是不变的真理。

在著名的电影作品《星球大战》中，绝地武士尤达大师曾经对卢克·天行者说过这样一句话：

"不要只看地平线，你要追求的是你眼前的东西。"

创新的种子虽然不在你身上，但也不需要去废寝忘食地到处追寻，因为它就在你的身边，就在你的眼前。

回归原点：你能说出自己所在公司的历史吗？

守护招牌的第五代掌柜之妻

有一个人让我知道了，在发现创新的种子的过程中，需要去倾听顾客的声音。

她就是渡边美惠，我的曾祖母，也就是第五代掌柜的妻子。

我在重新发现葛饼魅力的时候，回顾了一下船桥屋的历史。在200多年的历史中，船桥屋也出现过关系到生死存亡的危机，但最后船桥屋都能顺利渡过。这里面最关键的人物，就是我的曾祖母渡边美惠。

1909年，18岁的渡边美惠嫁入船桥屋，成为第五代掌柜渡边房太郎的妻子。不过两人的幸福没能延续太久，8年后，渡边房太郎因为肺结核去世。

孤身一人的渡边美惠不仅要抚养两个女儿，还必须守护船桥屋的招牌。每天，她与员工们一起工作。虽然葛饼的事业一直在延续，但挑战也在不久之后到来。1923年发生了关东大地震。渡边美惠与员工们一起，为了在废墟上重建船桥屋而共同努力着。

不久之后，长女渡边章子结婚，由此船桥屋迎来了身为女婿的第六代掌柜。渡边美惠好不容易可以喘口气了，可很快，悲剧再次袭来。

没过多久，渡边章子因赤痢去世，留下了三个孩子。遭受了如此大的打击，渡边美惠依然要想方设法维持船桥屋。因而她强忍着悲伤情绪，恳求自己的侄女渡边菊子嫁给第六代掌柜，成为其第二任妻子。渡边美惠就是这样，一直支持着她最信赖的亲人和忍受丧妻之痛的第六代掌柜。

空袭中保留下来的原料

就这样，渡边美惠让船桥屋生存了下来。但紧接着，太平洋战争爆发，东京和龟户也笼罩在战争的阴影里。再然后，船桥屋的末日到来了。

1945年3月10日，东京遭遇了东京大轰炸。

美国的300多架B-29战斗机携带着10万多枚燃烧弹对东京进行了空袭，东京下町一片火海。船桥屋当然没能幸免，几乎被烧得一点没剩。但是，在渡边美惠的努力下，船桥屋奇迹般地复活了。让船桥屋复活的正是发酵小麦谷朊。

在空袭开始前，渡边美惠把密封的原料放入一个高度和直径都接近1.5米的大缸内，灌满水，然后埋进了土里。由此保存下来的原料拯救了船桥屋。

70年之后，我们从渡边美惠拼命守护的发酵小麦谷朊中发现了葛饼乳酸菌。

生于动荡时代的她，能够真正理解什么是最重要的。通过葛饼使人快乐，这是她一生都在用心思考的课题。

这种思想影响了第六代掌柜和第七代掌柜（我父亲），如今，这已经成了我们公司的社训：制作比售卖更重要。

不要纠结于销售手段，而是要先追求良好的制作。用我们现在的话来解释，就是利用葛饼让与其相关的人都感到快乐。

以这条社训为基础，我们形成了以葛饼为中心的经营理念，这个理念现在成了船桥屋之魂。

成为一个以自己为轴的陀螺

一家长久存在的企业，就是一个持续转动的陀螺。

这样的陀螺，看上去好像立在原地一动不动，其实它在绕轴高速转动，自始至终没有偏移。要实现这种状态，没有离心力是不行的。我们的"轴"就是船桥屋的总目标和理念,"离心力"就是我们的组织力。

直面自己的能力和资源,就可以找到自己的"轴"。然后,让员工产生共感,以快乐为基准进行人才开发、组织建设,就可以得到"离心力"。

另外还有一点很重要,就是不要丢失自己的"轴"。我们不能只知道眺望地平线,逼着自己要到达那里,也不要聚焦自己的缺失感来设定目标,这样只会让自己苦恼。我们要做的应该是直面自我,聚焦"此时"和"此地"。

如果能够实现Being的状态,不强求、不控制员工,我们也能开拓自己的道路。

那些苦恼的领导者应该接受现在的自己,并在心中默念:

"这样就挺好。"

这是共情管理的第一步。

为什么你一直在追求所谓的理想经营和理想领导,但始终无法达到呢? 因为这样的东西一般是不存在的。

所有关键问题的答案,都在你自己身上。

能让员工感到快乐的共情管理指南

1. 发现创新的种子

不要羡慕其他人，观察一下自己身边有没有什么可用的资源。

2. 关注自己不曾注意到的优势

不要受常识所限，多参考顾客的声音（客观的意见）。

3. 设定公司的"轴"

基于公司的历史，聚焦公司此前不曾改变过的地方。

大家能读完这本书，我非常感谢大家的支持。

我们不要再以继续成长、继续取得成果这种只看到自己缺失感的东西为目标了。现在，要把重点放在让眼前的人感到快乐的共情管理上。

很多人在翻开本书的第一页时，或许会认为，世界上根本就没有这种轻松的事。但读到这里，我想大家应该能够明白，这根本不是什么理想的理论或是一纸空谈，这是我们通过实践而得出的、拥有理论支持的结论。

如果能够正确地实践本书中的理论，大家的公司也可以实现共情管理和幸福循环。

不过，有一点需要注意，在实践共情管理的过程中，有一个很重要的东西，那就是纯朴的心。

这是松下幸之助先生说的，他认为这是人们为了获得最好的生活方式而必需的基础之一。他的原话是这么说的：

"纯朴的心就是人们没有私心，能够接受他人指导的心，欣然接受现状的心，静中有动、动中有静的心，直面真理的心。"（松下幸之助《松下幸之助的哲学》）

拥有这样的心，人们就可以使本身的爱心与慈悲心活跃起来，生活也能更加快乐。

这也是共情管理的内涵之一。

正如我之前反复说的那样，共情管理绝不单单是一种经营论。它表现出一种以人们的快乐为目标的睿智。

所以，仅仅依靠表面的逻辑与手法进行模仿是完全不行的。进行深度的自我觉知，接受固有属性，这才是纯朴的心所必不可少的。

我认为，我们船桥屋之所以能够建立起共情管理，是因为所有的员工都拥有这种纯朴的心。

现在，船桥屋在具备了松下幸之助先生所说的纯朴的心之后，也实现了前面所说的一些状态：人们的爱心与慈悲心已经活跃了起来，大家都朝着快乐生活的目标稳步前进。

最具代表性的，就是SDGs（Sustainable Development Goals，可持续发展目标）。

2015年9月，联合国193个成员国在峰会上正式通过17个可持续发展目标。目前全世界都在积极推进，日本国内也开始采取相应措施。

在船桥屋，SDGs也以各种形式进行着。而这样的可持续性，与公司一直在坚持的"三方获利"很相近。可以说，这其实是在对我们公司一直坚持的思想进行强化。

不仅如此，SDGs的活跃发展也让全世界开始认识到，我们应该学会自省，接受自己的固有属性，做自己应该做的事情。

事实证明，尚且不够成熟的我，因为有了纯朴的心，也能够心怀感激地接受周围人的指导与帮助，并且可以真诚地直面自我。

借此机会，我想向邀请我参加印度心灵课程，使我得到这个学习机会的"世界亿万长者前来参加的心灵课程"的作者纳米·伯登和河合克仁，从8年前开始就参加葛饼乳酸菌研究的辻诊所院长辻直树，在人才培养方面给予多角度指导的小川晴寿先生、冈部明美、汤口弘二等人，表示我的感谢。

在本书的写作过程中，PHP研究所的大隅元给予了我很多帮助。之前在参与《坎布里亚宫殿》录制时给我写推荐文的村上龙先生，还有无法在这里一一提及的人，都曾经给过我莫大的支持，在此也要向他们表达谢意。

最后，我要向能让我在这个优秀的公司担任社长的第六代与第七代掌柜（我的父亲），在214年间克服各种困难守护船桥屋的先人，一直支持我的家人，与我一起快乐工作的员工们以及喜爱并支持船桥屋的顾客们，表示最由衷的感谢。

真的非常感激大家。

船桥屋第八代掌柜　渡边雅司